いちばんやさしい

60代からの

ウィンドウズ
Windows
10

第3版

塚原 久美 著

日経BP

目 次

本書の使い方

初めまして。数ある Windows 10 の入門書から本書を手に取っていただきありがとうございます。本書は Windows 10 のパソコンを初めて使うシニア世代の方や Windows 10 の基本的な操作を知りたい方を対象にしています。

1 章から 3 章では、Windows 10 の基本的な使い方を、4 章から 8 章では、Windows 10 のパソコンでできることや少し応用的な使い方を解説しています。実習を進めながら Windows 10 の使い方を習得できる構成にしていますので、ご自身のパソコンで操作しながら本書を読み進めてください。

ワンポイントでは、知っておくと役立つ使い方などを記載しています。初めのうちは少し難しいと感じることがあるかもしれません。操作に慣れてから読んでいただくと、パソコンをより便利に使えるような内容を盛り込んでいます。

また、必要最低限の専門用語を身近なものに置き換えて解説しています。専門用語を知らなくてもパソコンを使うことはできますが、初心者からステップアップするときに知っていただきたい用語に厳選していますので、理解が深まればきっと心強い味方になることでしょう。

パソコンを使うときに、本書を手元に置いて読み込んでいただければ、著者としてこれ以上嬉しいことはございません。パソコンに慣れ親しみ使いこなせるようになるお手伝いができれば幸いです。

2020 年 6 月　著者より

■ 表記について

● 表記について
・ 画面上にその文字が使われている場合には、［　］で囲んで示します。
　例：［設定］をクリックします。
・ キーボードで入力する文字は、「　」で囲んで示します。

● 画面について
・ 操作の対象となる個所などは、赤い枠で囲んでいます。
・ 手順によっては、ボタンを判別しやすいように拡大しています。

■ 実施環境について

● 本書の執筆環境は、下記を前提としています。

・ 　Windows 10 Home Edition、Microsoft Office Professional Plus 2019 をインストールしたパソコン
・ 　Windows 10 May 2020 Update 19041.264 を適用した状態
・ すべてのアプリを最新化している状態
・ インターネットに接続できる状態
・ プリンターの設定が完了している状態

● 本書に掲載されている画面や操作手順などは、Windows のアップデートプログラムや更新プログラムの適用によって異なる場合があります。また、ホームページ（Web サイト）に関する情報や内容、Microsoft Store の内容は、本書の編集時点（2020 年 6 月現在）で確認済みのもので、変更されることがあります。

第1章
Windows 10 の基本を知ろう

レッスン 1　Windows 10 の役割

Windows 10（ウィンドウズ テン）はパソコンを動かすプログラム**（基本ソフトウェア）**のひとつで、Microsoft 社が開発した製品です。パソコンを使うためには基本ソフトウェアが必要です。Windows 10 は、ビジネスから個人の用途までいちばん使われています。

1　Windows 10 とは

パソコンは、ノートパソコンやデスクトップパソコンなどの**機械（ハードウェア）**と、電源を入れると**画面の中で動きだすもの（ソフトウェア）**で構成されています。

パソコンは機械だけでは使うことができません。電源のオン/オフ、文字の入力、メールの利用、インターネットの閲覧など、パソコンと使う人の仲介役として作業手順や操作内容を伝えてくれるのが**ソフトウェア**となります。

▼ノートパソコン（ハードウェア）

▼Windows 10（ソフトウェア）

Windows 10 は、Microsoft 社が開発しているパソコンを動かすための**基本ソフトウェア（オペレーションシステム、OS ともいいます）**のひとつで、ビジネス用途や個人用途でいちばん使われています。

OS はほかにも種類があり、Apple 社が開発している MacOS、Google 社が開発している Google Chrome OS があります。いずれもパソコンに設定されています。

🎎 ワンポイント　基本ソフトウェアとアプリケーションソフトウェア

ソフトウェアには、パソコンを動かすために必要な **Windows 10 などの基本ソフトウェア**と、電子メール、Word などのワープロソフトや Excel などの表計算ソフトなど、目的に応じて使用する**アプリケーションソフトウェア（アプリともいいます）**があります。アプリのひとつに **Office** と呼ばれる、Word や Excel など、**ビジネス用途でよく使われるアプリをセットにして販売されているもの**もあります。

▼基本ソフトウェア

Windows 10

▼アプリケーションソフトウェア

Office

Word（ワープロソフト）

Excel（表計算ソフト）

2　Windows 10 の起動

パソコンに電源を入れると、Windows 10 が起動してパソコンが使えるようになります。
Windows 10 の起動方法を確認しましょう。ここではノートパソコンで説明しますが、デスクトップパソコンも同様です。

① 下の図を参考にパソコンの電源ボタンを押します。

電源ボタン

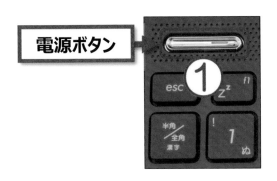

電源ボタン

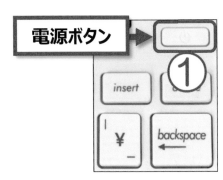

② Windows 10 の起動画面が表示されます。時刻や日付などが表示されるロック画面が表示されます。キーボードのいずれかのキーを押すか、画面のどこかをクリックします。

③ サインイン画面が表示されます。
　　[パスワード] ボックスにパスワードを入力し、[Enter] キーを押します。
　　※設定によっては [パスワード] ボックスが表示されない場合もあります。

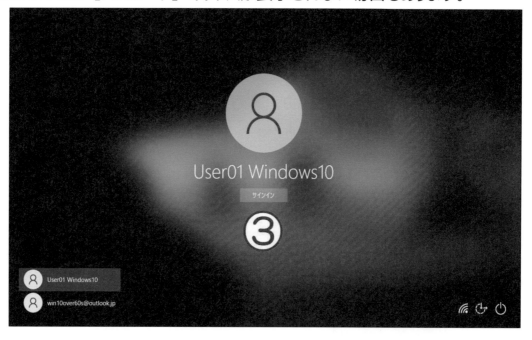

④ Windows 10 のデスクトップ画面が表示されます。

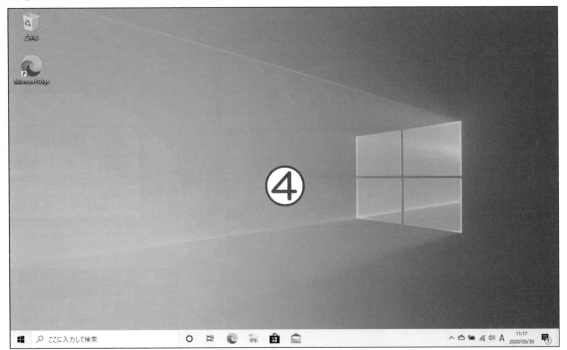

Windows 10 が起動すると、デスクトップという画面が表示されます。
デスクトップは机の上をイメージした、パソコンで作業を行うための場所
のことをいいます。

ワンポイント　　**電源ボタンの位置と形**

パソコンの電源ボタンは、メーカーや機種によって、位置と形が異なります。ノートパソコンで
は、キーボード上部の左側や右側、またはノートパソコンの前面や側面にあります。デスク
トップパソコンの場合は、本体の前面にあることが多いです。
また、電源ボタンは、ランプが点灯するもの（P3 の左図）や、電源のマーク  （P3 の
右図）が刻印されているものやスライドして電源を入れる場合もあります。

3 Windows 10 の画面構成

Windows 10 の画面の名称や役割について確認しましょう。

デスクトップアイコン
アプリやファイルなどを表すマークを**アイコン**といいます。
よく使うものを表示することができます。

タイル
ここにアプリや機能
などを割り当てて使
うことができます。

パソコンにインストール
されているアプリが 50
音順に表示されます。

ユーザーアカウント
パソコンを使っている
ユーザーが表示され
ます。

ドキュメント/ピクチャ
文書/写真の保存
先が表示されます。

[設定]
パソコンを設定する
ときに使います。

[電源]
パソコンの電源を切
るときや再起動する
ときに使います。

タスクビュー
起動しているアプリの
縮小表示や作業履歴
が表示される画面を開
きます。

Cortana
Microsoft 社の音声
アシスタント Cortana
が起動します。

[スタート] ボタン
パソコンの操作を始めるとき
にクリックします。
クリックするとスタートメニュー
が表示されます。

[検索] ボックス
キーワードを入力すると、パ
ソコンのアプリ・文書・電子
メール・インターネット（ウェ
ブ）の検索ができます。

Microsoft Edge
インターネット閲覧ソフ
トを開きます。

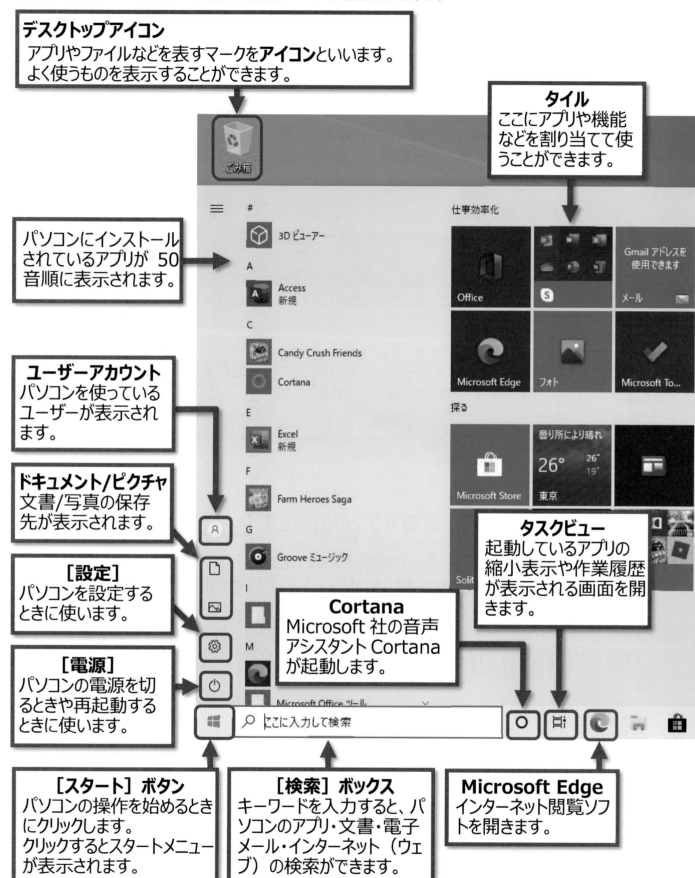

6

アクションセンター
画面右下の吹き出し（**通知アイコン**）をクリックすると表示されます。パソコンの通知の確認や、画面の明るさや通信などの機能の設定ができます。

エクスプローラー

Microsoft Store
アプリを検索してパソコンにインストールしたり、購入したりできます。

Mail
クリックすると電子メールアプリが開きます。

通知アイコン

タスクバー
開いている（**起動している**）アプリが表示されます。よく使うアプリをタスクバーにアイコンとして表示することもできます。

通知領域
バッテリーや通信、日本語入力システムの状態、日付/時刻などが表示されます。パソコンを使うときによく確認する場所です。

レッスン 2　マウス／タッチ操作

パソコンに操作の指示を与えるために使う道具が**マウス**です。マウスは、ボタンの押し方によって指示が変わります。また、タッチ操作に対応した画面（**ディスプレイ**）やタブレットパソコンでは、マウスの代わりに指で操作することができます。

1　マウスの持ち方

マウスには左右にボタンがあり、真ん中に**ホイール**という回転するボタンがついています。
マウスを持つときは、手首を安定させてマウスのホイールを上にして左のボタンに人差し指、右のボタンに中指をのせて残りの指を両脇に添えるようにして持ちます。卵を持つようなイメージで、力を入れずに軽く持ちましょう。
タッチ操作に対応したディスプレイやタブレットパソコンでは、指で画面にタッチして操作します。

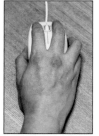

2　クリック／タップ

クリックやタップはパソコンのメニューを選択したり、実行したりするときに使います。
クリックは、マウスの左ボタンを 1 回カチッと押して離す操作のことをいいます。
タップは、タッチ操作に対応したパソコンに、指の指紋がある面で画面に軽く触れることをいいます。タップするときは人差し指で画面を軽く触ります。

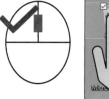

1 回軽く触れる

スタートメニューを表示する場合は、次のような操作になります。

① マウスポインターと呼ばれる白い矢印を、マウスをすべらせるように動かして［スタート］ボタンに合わせます。
② ［スタート］ボタンが水色に変わります。

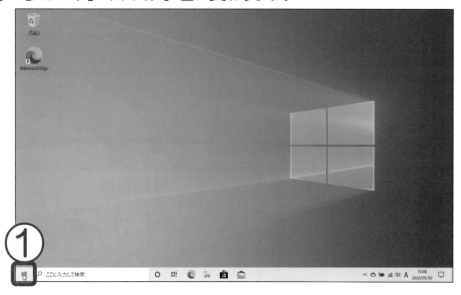

③ ［スタート］ボタンをクリックします。
　※タッチ操作の場合は、タップします。

④ スタートメニューが表示されます。

⑤ スタートメニューを非表示にするときは、もう一度［スタート］ボタンをクリックします。

ワンポイント　**クリックとタップについて**

タッチできるディスプレイやタブレットパソコンをお使いの場合、本書で表記されている「クリック」
の操作を「タップ」に読み替えてください。
マウス操作では「クリック」、タッチ操作の場合は「タップ」になります。なお、タッチ操作特有の場
合はその都度操作を表記します。

3　ダブルクリック／ダブルタップ

マウスの左ボタンを素早く2回押して離す操作を**ダブルクリック**といいます。軽く
トントンというタイミングでボタンを2回押して離します。マウスが前後や左右に
動かないように気をつけましょう。
タッチ操作の場合は、**ダブルタップ**といいます。人差し指で画面を
軽くポンポンと触るようにしてみましょう。ダブルクリック／ダブルタップ
は、何かを選んで開くときなどに使います。

2回軽く
触れる

ごみ箱を開く場合は、次のような操作になります。

① ごみ箱にマウスポインターを合わせて、ダブルクリックします。
　　※タッチ操作の場合は、ダブルタップします。

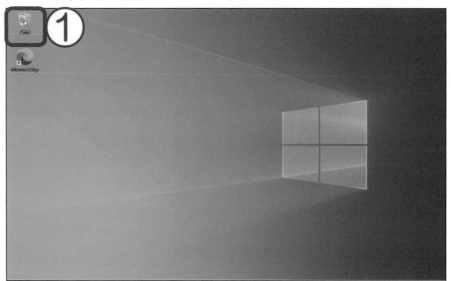

② ごみ箱ウィンドウが開きます。
③ ごみ箱ウィンドウを閉じるときは、［×］（閉じる）ボタンをクリックします。
　　※タッチ操作の場合はタップしてウィンドウを閉じます。

4　ドラッグ

マウスの左ボタンを押したままマウス
を動かしてボタンを離す操作を
ドラッグといいます。タッチ操作の場
合もドラッグといいます。ドラッグは画
面や対象となるものを移動するときなどに使います。

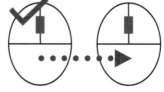

押したまま
ずらす

移動する距離が長い場合は、マウスを空中に浮かせて元の位置に戻してからドラッグします。

ごみ箱を画面の右上に移動する場合は、次のような操作になります。

① ごみ箱にマウスポインターを合わせて、マウスの左ボタンを押したままにします。
　※タッチ操作の場合は、ごみ箱を触れたままにします。

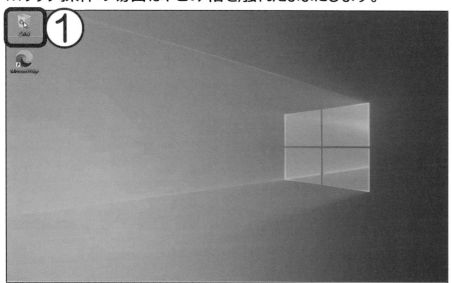

② マウスの左ボタンを押したまま、ごみ箱が画面の右上に移動するまで動かし、指を離します。
　※タッチ操作の場合は触れたままごみ箱を画面に移動するまで動かします。

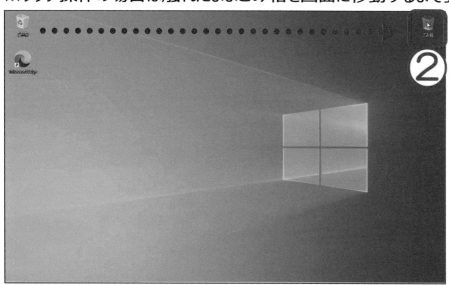

③ ごみ箱を画面の左上までドラッグして、元の位置に移動します。

5 右クリック／長押し

マウスの右ボタンを1回押して離す操作を**右クリック**
といいます。右クリックをするときは、中指でマウスの右
ボタンを 1 回軽く押して離します。タッチ操作のとき
は、右クリックに当たるのが**長押し**です。操作の対象と
なるものを人差し指で長めに押して離します。

長めに押
して離す

右クリック／長押しは、マウスポインターを合わせた場所で今できる操
作をメニューに表示します。これを**ショートカットメニュー**といいます。

ごみ箱を右クリックしてショートメニューを表示する場合は、次のような操作になります。

① ごみ箱にマウスポインターを合わせてマウスの右ボタンを押します。
　※タッチ操作の場合は、ごみ箱を長押しします。
② ショートカットメニューが表示されます。
③ ショートカットメニューを非表示にするときは、デスクトップの何もないところをクリックします。
　※タッチ操作の場合は、デスクトップの何もないところをタップします。

6　スワイプ（タッチ操作）

タッチ操作に、画面の端から内側／画面の下から上に向かって指を滑らせるように動かす**スワイプ**という操作があります。スワイプは開いている画面に関連するメニューを表示したり、画面の表示位置を変更したりするときに使います。
例えばアクションセンターは、次のような操作でも表示することができます。

① 画面右端から内側に向かって、指を滑らせるように動かします。
② アクションセンターが表示されます。

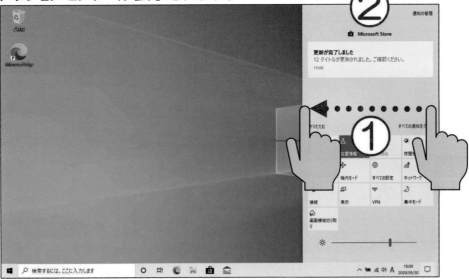

マウス操作、タッチ操作がパソコンを使う上で最も基本的な操作です。確実にできるようにしましょう。

レッスン 3　スタートメニューでできること

Windows 10 でアプリを使ったり、設定を行ったりするときは**スタートメニュー**を使います。
スタートメニューは **[スタート] ボタン**をクリックすると表示することができます。
また、スタートメニューのサイズを変更するなど、使いやすいように設定を変更することもできます。

1　アプリの起動

パソコンに**インストール**されているアプリは、スタートメニューに表示されます。
スタートメニューから Word を起動し、アプリを起動する方法を確認しましょう。

① [スタート] ボタンをクリックしてスタートメニューを表示します。
② アプリが「記号→アルファベット」の順に表示されます。アルファベットの次に、ひらがな、漢字の 50 音順に表示されます。
③ マウスのホイールに人差し指を乗せ、[W] が表示されるまでホイールを手前に回転させます。
④ [Word] をクリックします。

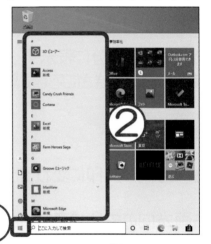 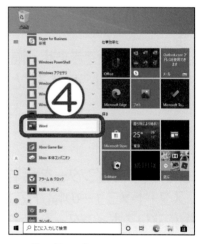

⑥ Word の画面が開きます。閉じるときは [×] ボタンをクリックします。

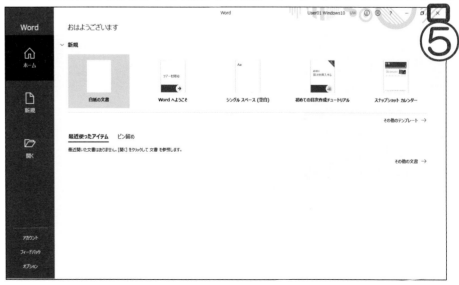

13

はじめからタイルに登録されているアプリは、クリックするだけでアプリを起動することができます。
※タッチ操作の場合はタップします。

アプリが起動します。

クリックまたは
タップします。

2 スタートメニューのサイズ変更

スタートメニューのサイズは変更することができます。幅を広げると何もない部分に表示するタイルの数を増やすなど、自分の使いやすいようにすることができます。画面の大きさに応じて設定しましょう。

① ［スタート］ボタンをクリックします。
② スタートメニューの境界線にマウスポインターを合わせ、左右両方向の矢印に変わったら右方向にドラッグします。スタートメニューの幅が広がります。
③ スタートメニューの境界線にマウスポインターを合わせ、左右両方向の矢印に変わったら左方向にドラッグすると、スタートメニューの幅が狭くなります。

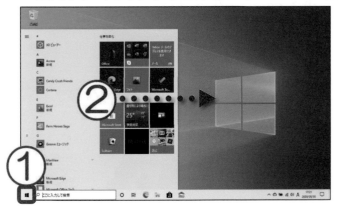

よく使うアプリは、タイルに登録することができます。また頻繁に使わなくなった場合は、タイルから削除することもできます。ここでは、電卓を例に説明します。

登録したいアプリの名前で右クリックし、
（タッチ操作の場合は長押しし）
［スタートにピン留めする］をクリックします。

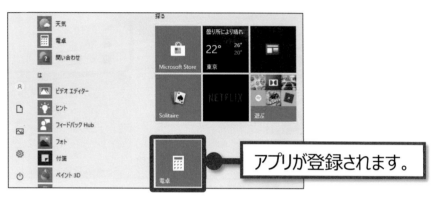

アプリが登録されます。

▼マウス操作の場合

削除したいアプリの上で右クリックし、
［スタートからピン留めを外す］を
クリックします。

▼タッチ操作の場合

長押しして ⚲ をタップします。

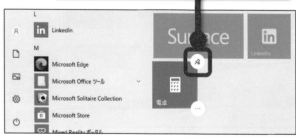

 **タイルのサイズ変更**

スタートメニューのタイルのサイズは変更することができます。アプリをたくさん登録したい場合は、小さいタイル、よく使うアプリは大きいタイルにして見つけやすくするなど、用途に応じてサイズを選択しましょう。

▼マウス操作の場合

大きさを変更したいタイルを右クリックし、[サイズ変更]をクリックします。

▼タッチ操作の場合

[サイズ変更]をタップします。

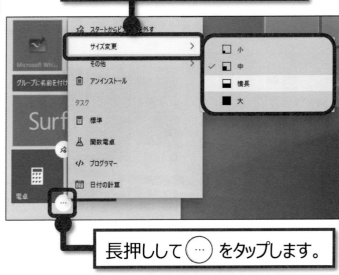

長押しして ⋯ をタップします。

タイルが選択したサイズで表示されます。図は、[横長]を指定した例です。

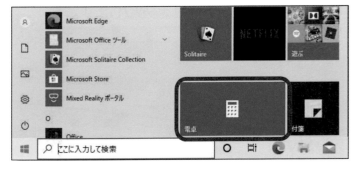

 スタートメニューのサイズや、タイルのサイズを変更し、よく使うメニューを追加して、自分の使いやすいパソコンにしていきましょう。

3 その他のスタートメニューの設定変更

スタートメニューの［設定］をクリックすると、［Windows 10 の設定］ウィンドウが表示され、
全画面のスタートメニューにするなどの設定の変更ができます。
スタートメニューを全画面サイズで表示する設定の変更をしてみましょう。確認後、元の表示に
戻しましょう。

① ［スタート］ボタンをクリックします。
② ［設定］をクリックします。
③ ［個人用設定］をクリックします。

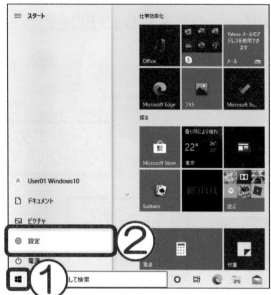

④ ［スタート］をクリックします。
⑤ ［全画面表示のスタートメニューを使う］をクリックしてオンにし、［×］ボタンをクリックし
　 ます。
⑥ スタートメニューが全画面表示に変わります。

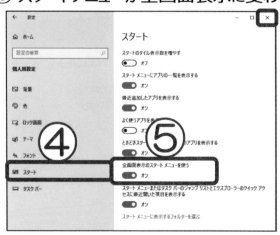
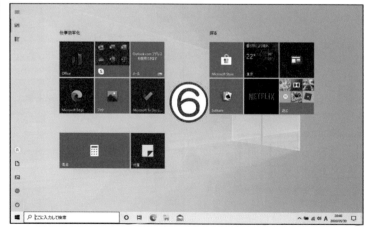

⑦ ［設定］をクリックして［Windows の設定］ウィンドウを表示します。
⑧ ［個人用設定］をクリックします。
⑨ ［全画面表示のスタートメニューを使う］をクリックしてオフにし、［×］ボタンをクリックし
　 ます。

17

 **ワンポイント** スタートメニューへのフォルダーの追加

Windows では、データの種類に応じてあらかじめ保存先（**フォルダー**）が用意されています。スタートメニューには、よく使われる**［ドキュメント］フォルダー**、**［ピクチャ］フォルダー**など、**文書**や**写真**などの保存先が表示されています。

　［ドキュメント］フォルダーや［ピクチャ］フォルダーが表示されなくなった場合や、その他のよく使われるフォルダーをスタートメニューに表示する方法を確認しましょう。ここでは、**［ミュージック］フォルダー**を例にしますが、他のフォルダーも同様の操作です。［ミュージック］フォルダーは、音楽データの初期設定の保存先になります。

　［スタート］ボタンの［設定］をクリックして、［Windows の設定］ウィンドウを表示し、［個人用設定］をクリックします（操作は P17 を参照）。

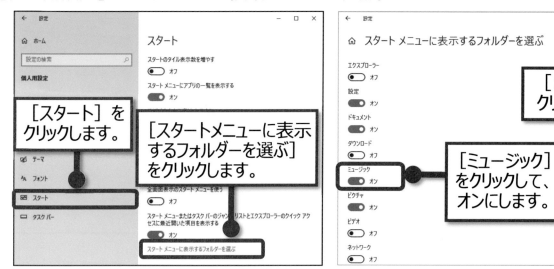

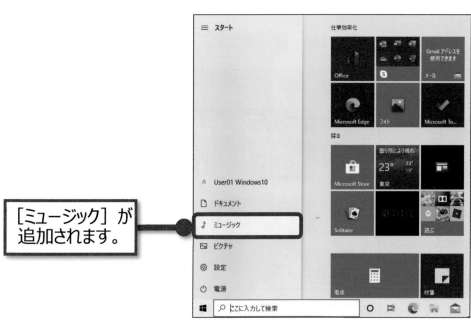

レッスン 4　ウィンドウの操作

パソコンでは、**ウィンドウ（Window）**と呼ばれる画面の中で様々な操作を行います。窓のように見えることからウィンドウと呼ばれています。アプリを起動したときに表示される画面もウィンドウといいます。すべてのウィンドウに共通する名称と役割を理解し、基本的な操作を確認しましょう。

1　ウィンドウの名称と役割

ウィンドウの右上の 3 つのボタンを使うとウィンドウの大きさを変更することができます。
ここでは Word を起動して、ウィンドウに共通する名称と役割を確認しましょう。

① ［スタート］ボタンをクリックします。
② ［Word］をクリックします。

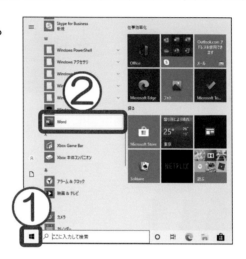

③ Word が起動します。

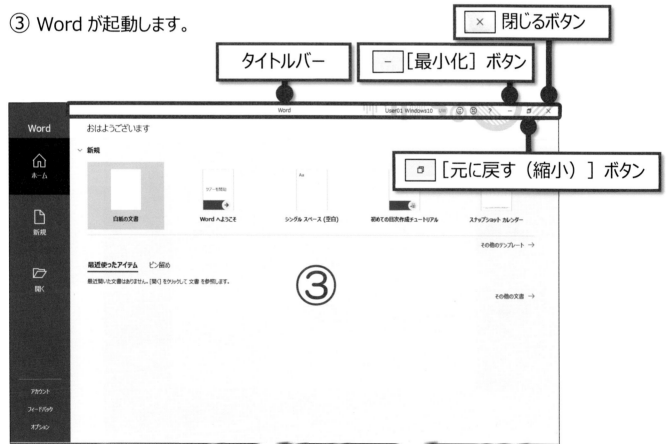

タイトルバー

［最小化］ボタン

× 閉じるボタン

□ ［元に戻す（縮小）］ボタン

2 ウィンドウを元のサイズに戻す／最大化／最小化

ウィンドウの［**元に戻す（縮小）**］ボタン、［**最大化**］ボタン、［**最小化**］ボタンを使うと、ウィンドウの大きさを少し小さくしたり、画面全体に表示したり、一時的に非表示にしたりすることができます。

① ［元に戻す（縮小）］ボタンをクリックします。

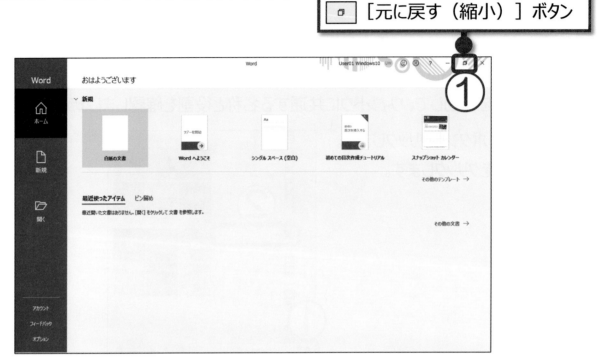

② ［Word］ウィンドウのサイズが少し小さくなります。［元に戻す（縮小）］ボタンは［最大化］ボタンに変わります。
ウィンドウが画面全体に表示されているときは、［元に戻す（縮小）］ボタン、ウィンドウが少し小さくなっているときは、同じ位置に［最大化］ボタンが表示されます。

③ ［最大化］ボタンをクリックします。

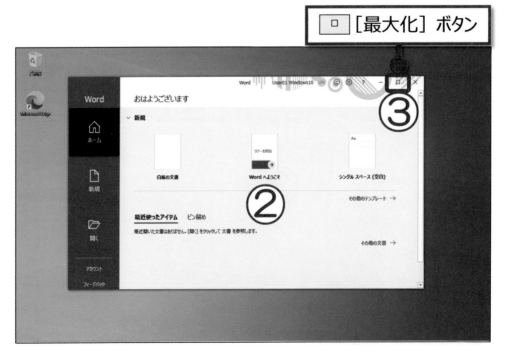

④ ［Word］ウィンドウが画面全体に表示されます。

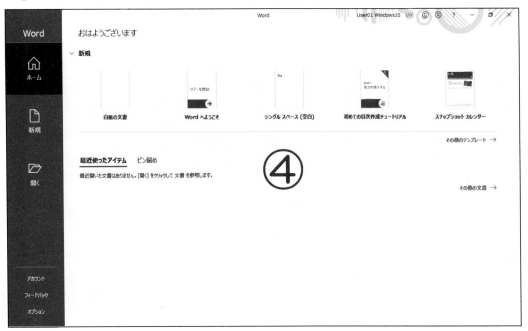

⑤ ［最小化］ボタンをクリックします。

［最小化］ボタン

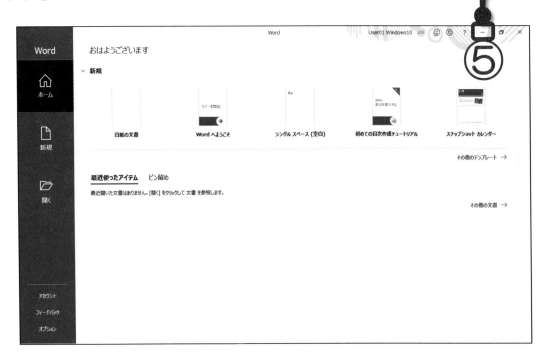

⑥ ［Word］ウィンドウが最小化され一時的に非表示になり、タスクバーのアイコンとして表示されます。Word のアイコンにマウスポインターを合わせると、小さい画面が表示されます。

⑦ タスクバーの Word のアイコンをクリックします。

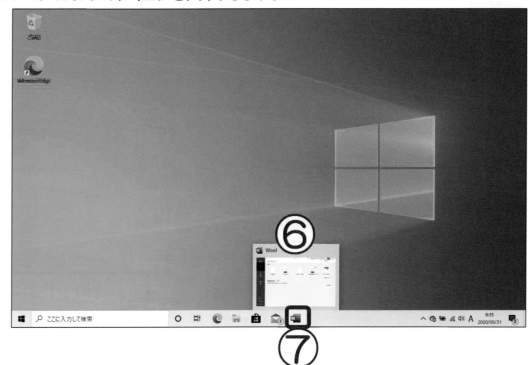

⑧ ［Word］ウィンドウが画面全体に表示されます。

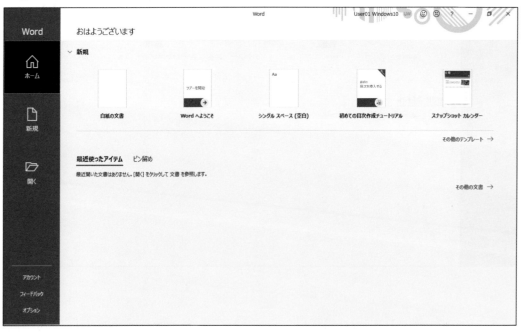

 ［元に戻す（縮小）］ボタン、［最大化］ボタン、［最小化］ボタンの使い方を理解して、目的に応じて使い分けられるようになりましょう。

3 ウィンドウの移動

ウィンドウの大きさが少し小さいサイズで表示されているとき、ウィンドウのタイトルバーにマウスポインターを合わせてドラッグするとウィンドウを好きな位置に移動できます。タイトルバーには使っているウィンドウの名前（**タイトル**）が表示されます。

① ［Word］ウィンドウの 🗗 ［元に戻す（縮小）］ボタンをクリックしてウィンドウの大きさを少し小さくします。
② ［Word］ウィンドウのタイトルバーにマウスポインターを合わせます。
③ 自分の好みの位置（ここではごみ箱の下あたり）にドラッグしてマウスのボタンを離します。

④ ［Word］ウィンドウが移動します。

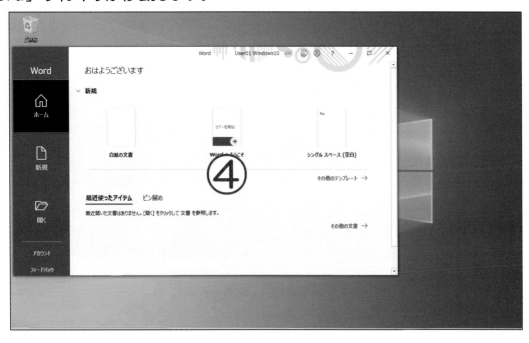

23

4 ウィンドウのサイズの変更

ウィンドウの大きさが少し小さいサイズで表示されているとき、ウィンドウの四隅や上下左右の境界線にマウスポインターを合わせて、両方向の矢印に変わってからドラッグすると、ウィンドウを自由な大きさに変更できます。
ウィンドウの四隅にマウスポインターを合わせると斜めの両方向矢印で表示され、幅と高さを同時に変更できます。上下矢印の場合は高さだけを、左右矢印の場合は幅だけを変更できます。

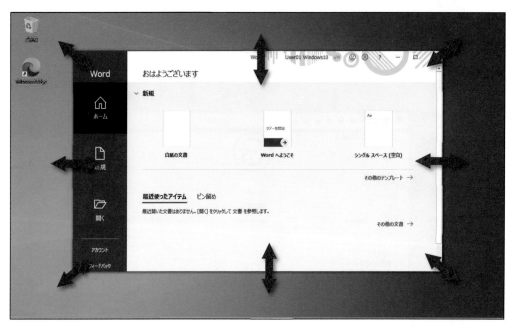

① ［Word］ウィンドウの右下隅にマウスポインターを合わせて、斜めの両方向矢印で表示されたら左上に向かってドラッグします。

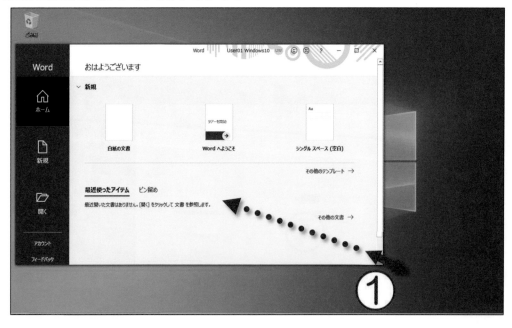

24

② ［Word］ウィンドウのサイズが小さくなります。
③ ［Word］ウィンドウの［×］ボタンをクリックして Word を閉じます。

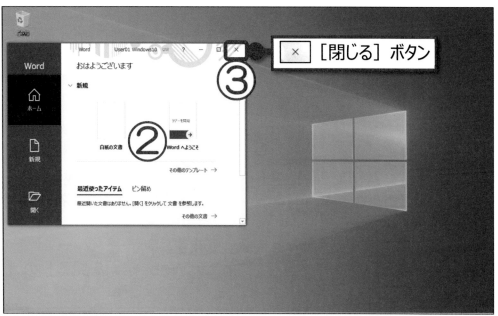

ワンポイント　ウィンドウの移動によるサイズ変更

ウィンドウのタイトルバーにマウスポインターを合わせて特定の場所に移動すると、ウィンドウのサイズを変更することができます。
画面の上方向に、ウィンドウがそれ以上動かなくなるまで、ドラッグしてマウスのボタンを離すと、ウィンドウが最大化されます。

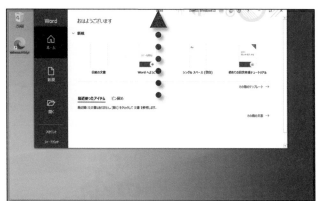
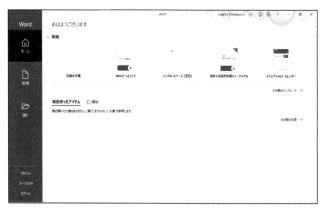

画面の左または右方向に、ウィンドウが半分隠れてそれ以上動かなくなるまでドラッグしてマウスのボタンを離すと、ウィンドウが画面の横半分のサイズで表示されます。

レッスン 5　タスクバーでできること

Windows 10 の画面の下に起動しているアプリなどが表示されます。この領域のことを**タスクバー**といいます。タスクバーでは、**[検索] ボックス**を使った検索や音声アシスタントの**Cortana**、アプリの切り替えなどを行う**タスクビュー**、パソコンの通知の確認や機能の設定を行う**アクションセンター**などを利用することができます。

1　[検索] ボックスの使い方

[検索] ボックスを使うと、パソコンにインストールされているアプリや作成した文書、インターネットなどから検索することができます。[検索] ボックスを使ってインターネットのニュースを検索してみましょう。

① [検索] ボックス内をクリックし、「news」と入力します。
② 検索結果の一覧が右側に表示されます。[newsWeb 結果を見る]の[Yahoo! ニュース]をクリックします。

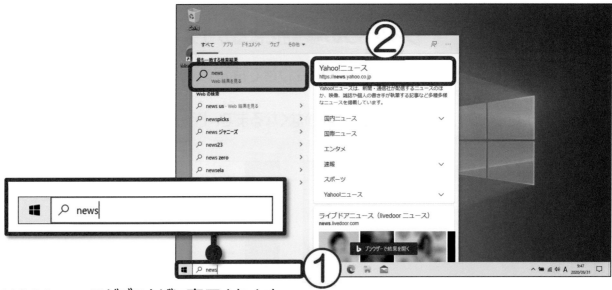

③ YAHOO!ニュースがブラウザに表示されます。
④ [×] ボタンをクリックして、ブラウザを閉じます。

2 音声アシスタント Cortana（コルタナ）

Windows 10 には、**音声アシスタント Cortana（コルタナ）**が搭載されています。
Cortana は Microsoft アカウント（P94 参照）にサインインすると使うことができます。

●Microsoft アカウントのサインイン

Cortana を使うために Microsoft アカウントにサインインしましょう。

① タスクバーの［Cortana に話しかける］をクリックします。
② ［Cortana にサインイン］の［サインイン］をクリックします。
③ ［サインインする方法］の［このアカウントを使用］をクリックします。ここでは、登録済みの Microsoft アカウントをクリックし、［続行］をクリックします。
④ ［Cortana を使って作業をスムーズに進めましょう］の［同意して続行する］をクリックします。

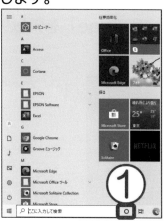   

●Cortana での音声検索

マイクから Cortana に話しかけて音声で検索することができます。Cortana に今日の天気を聞いてみましょう。

① ［Cortana に話しかける］をクリックします。
② ［今日の天気］と話しかけます。Cortana に話しかけて検索するには、パソコンにマイクがついている必要があります。ゆっくりと大きな声で話しかけると、検索の精度が高くなります。
③ 検索結果に今日の天気が表示されます。
④ ［×］ボタンをクリックして Cortana を閉じます。

 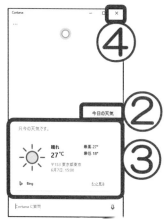

27

3 タスクビューとタイムライン

インターネットで検索しながらWordで資料をまとめたり、フォルダーからデータを開いたりすると、パソコンに複数のウィンドウが表示されて、画面のサイズが小さなパソコンやタブレットではわかりにくくなることがあります。**タスクビュー**を使うと、開いているアプリを確認しながら他のアプリの画面に切り替えることができます。

① ［スタート］ボタンの［Word］をクリックして、Word を起動します。

② タスクバーの ⬤ をクリックして、Microsoft Edge を開きます。

③ タスクバーの ▦ をクリックして、エクスプローラーを開きます。

④ タスクバーの ▯ ［タスクビュー］をクリックして、タスクビューを表示します。

⑤ 作業中のアプリやウィンドウが表示されます。［スタート - Microsoft Edge］をクリックして Microsoft Edge に切り替えます。

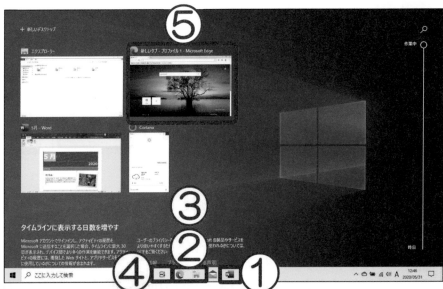

⑥ ［Microsoft Edge］ウィンドウが表示されます。

28

[タイムライン] を使うとパソコンで行った作業などを時系列で確認することができます。
ここでは、今日パソコンで行った作業を確認します。

① タスクバーの [タスクビュー] を
   クリックします。

② 「今日」を確認します。今日行ったパ
   ソコンの作業が表示されます。
   この例では ［天気 – 梅雨支度は
   お早めに］ をクリックします。

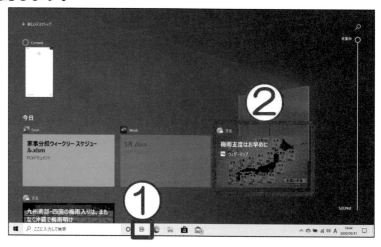

③ ［天気］アプリが起動し、［梅雨
   支度はお早めに］ が表示されます。

![ワンポイント] **仮想デスクトップ**

Windows 10 の起動後に表示される**デスクトップ**は、複数作成することができます。
例えば、机だけでは書類を広げるスペースが足りない場合に、作業台を使って書類を広げられ
るイメージです。デスクトップを作るには、 [タスクビュー] をクリックして、［＋新しいデスク
トップ］ をクリックします。デスクトップには 1 から順番に番号が割り当てられています。新しく作
成したデスクトップに切り替えるには、［デスクトップ 2］ をクリックします。

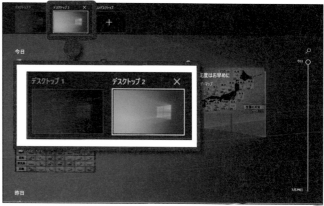

4 アクションセンター

画面右下の吹き出し（**通知アイコン**）をクリックすると、**アクションセンター**が表示されます。アクションセンターでは、アプリの更新情報、メールなどの新着情報や、画面の明るさや通信などの機能の設定ができます。アクションセンターを表示して設定を確認しましょう。

① タスクバーの 🖵 ［通知アイコン］をクリックしてアクションセンターを開きます。
　　※通知があるときは通知アイコンが黒色になっています。クリックすると、通知の内容を確認できます。

② ［展開］をクリックしてアクションセンターのすべてのボタンを表示します。
　　※既に展開されているときは、この操作は不要です。展開されていないときに操作してください。

③ すべてのボタンが表示されます。すべてのボタンが表示されているときは［折りたたむ］と表示されます。

ボタンの機能が有効な場合は青色、無効な場合は灰色で表示されます。

右の図は、ノートパソコンに Windows 10 がインストールされている時のボタンです。
パソコンによっては表示されるボタンが異なる場合があります。
それぞれのボタンの使い方は次のとおりです。

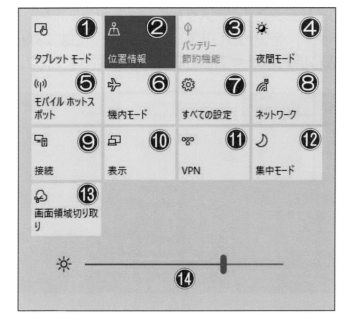

①	タブレットモード	オンにするとタブレットを使用するのに最適なレイアウトにできます。
②	位置情報	位置情報のオン／オフができます。
③	バッテリー節約機能	ノートパソコンが電源に接続されていないときに表示されます。バッテリー節約機能をオンにできます。
④	夜間モード	夜間モードのオン／オフができます。オンにするとブルーライトが軽減でき、画面が暖色系の色で表示されます。
⑤	モバイルホットスポット	オンにすると、無線 LAN を搭載した Windows 10 のパソコンがルーターの代わりになり、他のパソコンやタブレット、スマートフォンなどを接続すると、インターネットに接続できるようになります。
⑥	機内モード	機内モードのオン／オフができます。機内モードをオンにすると、すべての無線通信がオフになります。
⑦	すべての設定	［Windows 10 の設定］ウィンドウを開きます。
⑧	ネットワーク	接続可能な無線ネットワークの一覧を表示します。
⑨	接続	ワイヤレスディスプレイとオーディオデバイスを検索して接続可能な一覧を表示します。
⑩	表示	パソコンをディスプレイに接続したときの表示方法を設定できます。
⑪	VPN	VPN（Virtual Private Network：バーチャルプライベートネットワーク）の設定画面を表示します。
⑫	集中モード	クリックするたびに、重要な通知のみを知らせるか、アラームのみ有効にするかを切り替えることができます。
⑬	画面領域切り取り	任意の領域をコピー（キャプチャ）するモードに切り替えます。画面をドラッグしてキャプチャすることができます。
⑭	明るさ調整	スライダーを動かして画面の明るさを設定できます。

 **ワンポイント** **タブレットモード**

パソコンとタブレットの両方で使うことができるパソコンを購入した場合に、タブレットとして指でタッチして操作するときに設定します。タブレットモードにすると、スタートメニューが画面全体に表示され、［検索］ボックスが非表示になります。

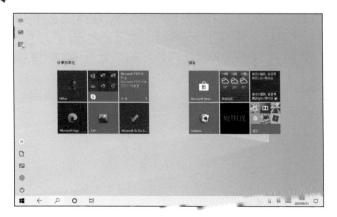

31

レッスン 6　Windows 10 の終了

Windows 10 のパソコンの電源を切る場合は、**シャットダウン**を行います。テレビなどと違い電源ボタンは使いません。［スタート］ボタンを使いましょう。

1　Windows 10 の終了と電源のオフ

Windows 10 のパソコンの電源を切る場合は、［スタート］メニューの**［電源］**を使います。パソコンを使う上でとても重要な操作です。確実に操作できるようにしましょう。

① ［スタート］ボタンをクリックします。
② ［電源］をクリックします。
③ ［シャットダウン］をクリックします。
④ パソコンの電源が切れます。

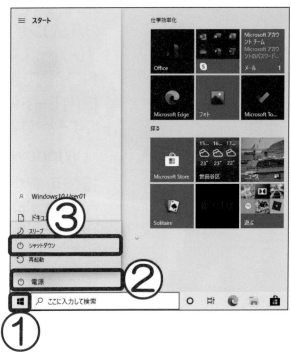

![ワンポイント] **スリープと再起動**

［電源］にはシャットダウンの他に、**スリープ**と**再起動**があります。

スリープは、作成中の文書やインターネットの検索結果などを表示したまま作業を中断した状態（休止状態）になります。キーボードやマウスを触ると画面が表示され、すぐに作業に復帰できます。ノートパソコンでは、初期設定でディスプレイを閉じるスリープの状態になるものがあります。タブレットの場合は、しばらく画面を触らないとスリープになるものもあります。

再起動は、パソコンの電源を切ってから自動的に電源を入れるときに使います。パソコンの調子が悪いときに、パソコンを再起動すると調子が良くなる場合があります。また、設定を変更した場合やアプリをインストールしたときに再起動を要求されることがあります。

32

第2章

文字の入力方法
を理解しよう

レッスン 1　キーボードと日本語入力システム

文字を入力するときは、キーボードを使います。ここではキーボードの基本的な使い方を学習しましょう。また、日本語で文字を入力するときは、日本語を入力するプログラム（**日本語入力システム**）を使用します。日本語入力システムの使い方について確認しましょう。

1　キーボードの基本的な使い方

キーボードのキーには、文字を入力するときに使う**文字キー**と、改行、確定、削除などを行うときや、他のキーと組み合わせて文字を入力する時に使う**機能キー**があります。

次の図は、Windows のパソコンでよく使われているキーボードの例です。機能キーのうち、よく使うキーの機能は以下のとおりです。

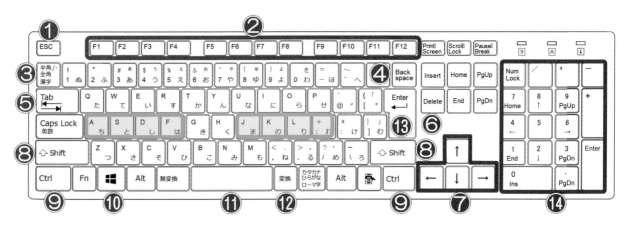

① **Esc（エスケープ）キー**	実行中の操作を取り消すときに使います。確定前の文字を取り消すこともできます。
② **ファンクションキー**	アプリごとに機能が登録されています。カタカナや英数字を入力するキーとしても使います。
③ **半角/全角キー**	日本語入力システムのオンとオフを切り替えるときに使います。
④ **Backspace（バックスペース）キー**	カーソルの左側の文字を消すときに使います。
⑤ **Tab キー**	文字入力中に押すと、文字間に一定間隔の空白を入力できます。漢字変換のときに押すと予測変換の候補を選択できます。
⑥ **Delete（デリート）キー**	カーソルの右側の文字を消すときに使います。
⑦ **方向キー**	矢印のキーのことです。カーソルの位置を上下左右に動かすときに使います。

⑧ Shift（シフト）キー	他のキーと組み合わせて使います。例えば文字キーと組み合わせて、「！」や「？」などの記号を入力することができます。
⑨ Ctrl（コントロール）キー	他のキーと組み合わせて使います。例えば文字キーを組み合わせて、コマンド（命令）を実行することができます。
⑩ Windows キー	Windows のロゴのついたキーのことです。単独で押すとスタートメニューが表示されます。また他のキーと組み合わせて使います。例えば Windows キーを押しながら D キーを押すと、デスクトップが表示されます。
⑪ スペースキー	文章の入力中に文字を漢字などに変換するときに使います。確定後に押すと空白を入力できます。
⑫ 変換キー	入力した文字を漢字などに変換することができます。
⑬ Enter（エンター）キー	入力した文字を確定することができます。確定後に押すと改行することができます。
⑭ テンキー	数字を入力するときに使います。ノートパソコンには、ない場合が多いです。

キーボードに手を置くときの基本的な位置を**ホームポジション**といいます。前述のキーボード図でピンク色になっているキーを指します。

[F は] キーに左の人差し指を、[J ま] キーに右の人差し指を置き、それぞれ外側に中指、薬指、小指を置きます。[F は] や [J ま] を基準に、上下のキーを決まった指で押して文字を入力し、入力後はホームポジションに指を戻します。

[F は] キーと [J ま] キーにはキーの下側や中央に突起があります。突起を目安にして指を戻すようにしましょう。

まずキーボードに慣れるところからはじめましょう。キーボードでの指の動かし方を意識して文字を打つようにします。慣れてくると、だんだんスムーズに文字が打てるようになります。焦らずに練習しましょう。

2 画面に表示されるキーボードの使い方

タブレットやタッチ操作ができるディスプレイの場合は、画面に表示されるキーボードをタップしたり、マウスでクリックしたりして文字を入力することができます。

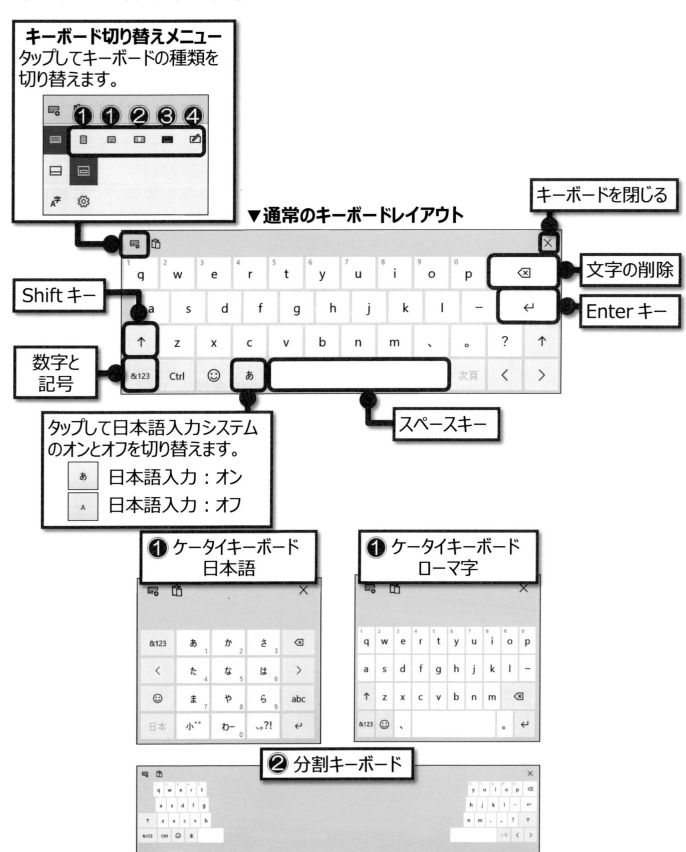

キーボード切り替えメニュー
タップしてキーボードの種類を切り替えます。

▼通常のキーボードレイアウト

キーボードを閉じる

文字の削除

Enter キー

Shift キー

数字と記号

タップして日本語入力システムのオンとオフを切り替えます。

あ 日本語入力：オン

A 日本語入力：オフ

スペースキー

❶ ケータイキーボード 日本語

❶ ケータイキーボード ローマ字

❷ 分割キーボード

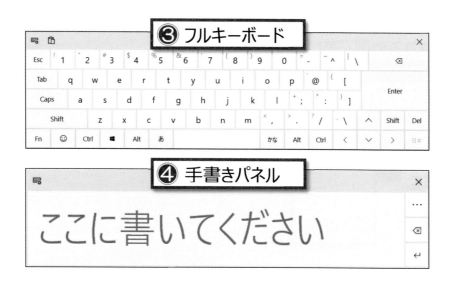

③ フルキーボード

④ 手書きパネル

ここに書いてください

3　日本語入力システム

パソコンで日本語を入力するときは、**日本語入力システム**を使います。日本語入力システムは文字をひらがな、カタカナ、漢字、英数字などに変換するためのプログラムです。Windows 10 には **Microsoft IME（マイクロソフト　アイエムイー）** という日本語入力システムが設定されています。Word を使って日本語入力システムの状態を確認しましょう。

① ［スタート］ボタンをクリックします。
② ［W］が表示されるまでマウスのホイールを
　手前に回します。
③ ［Word］をクリックします。

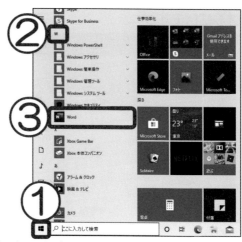

④ Word が起動します。［白紙の文書］をクリックします。

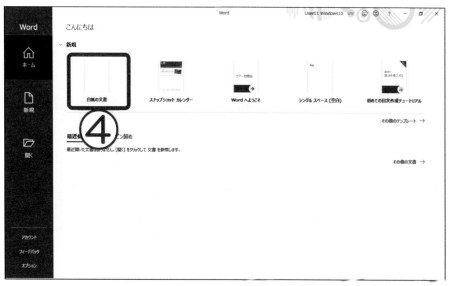

⑤ 文書を作成するウィンドウが表示され、**カーソル**と呼ばれる縦棒が点滅します。カーソル
　は文字が入力される位置を表しています。

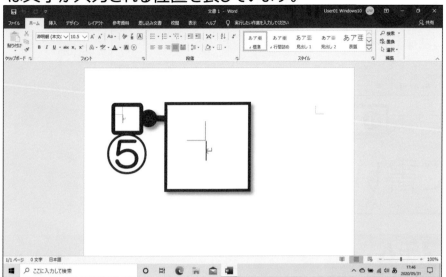

⑥ 画面右下に あ と表示されているときは、日本語入力システムがオンの状態です。キーを
　押すと日本語が入力できます。

⑦ あ をクリックして A にします。 A と表示されているときは日本語入力システムがオフの
　状態です。キーを押すと英字が入力されます。確認後、 あ をクリックして日本語入力シ
　ステムをオンにします。

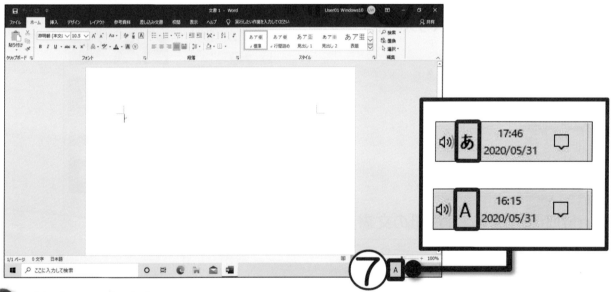

![ワンポイント] **Word を簡単に開く設定**

Word のように、よく使うアプリを簡単に開く設
定ができます。Word を開いた後、タスクバー
の［Word］アイコンを右クリックし、［タスク
バーにピン留めする］をクリックします。
タスクバーにピン留めすると、常に Word のア
イコンが表示され、クリックするだけで Word を
開くことができます。

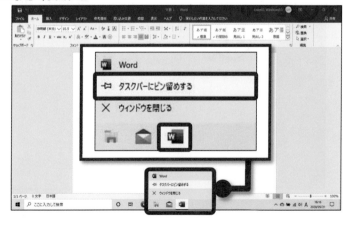

パソコンのキーボードで日本語入力システムの状態を切り替えるときは、<kbd>半角／全角 漢字</kbd> キーを押します。
このキーを押すたびに、日本語入力システムのオン／オフが切り替わります。
タッチ操作の場合、文字を入力できる場所を指で触れると、タッチ式のキーボードが表示される仕組みになっています。キーボードに <kbd>あ</kbd> と表示されていれば、日本語入力システムがオンの状態です。<kbd>あ</kbd> をタップすると <kbd>A</kbd> に切り替わり、日本語入力システムがオフの状態になります。

4 キーの打ち分け方

キーボードのキーにはいちばん多いもので 4 つの文字が割り当てられています。
次の図のように日本語入力の方法と、<kbd>Shift</kbd> キーを押しながらキーを押すかによって入力できる文字が変わります。本書では、一般的に使われているローマ字入力で説明します。
ローマ字入力では主にキーの左側に刻印された文字を使って入力します。

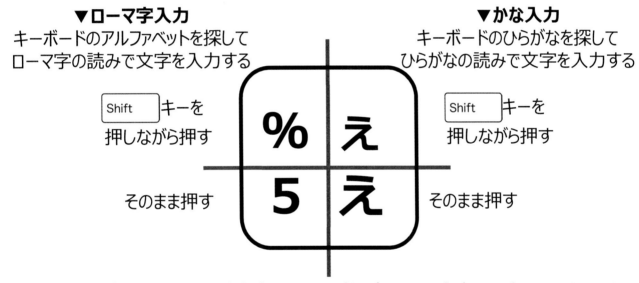

▼ローマ字入力
キーボードのアルファベットを探して
ローマ字の読みで文字を入力する

<kbd>Shift</kbd> キーを
押しながら押す

そのまま押す

▼かな入力
キーボードのひらがなを探して
ひらがなの読みで文字を入力する

<kbd>Shift</kbd> キーを
押しながら押す

そのまま押す

ローマ字入力（ローマ字入力対応表は P44 参照）では、文字を入力するときに、キーボードの英数字や記号だけを探して入力します。上の図の左側の文字を探すため覚えるキーの数は少なくて済みます。ローマ字の綴りで入力する必要があるため、キーを押す回数は多くなります。「あした」と入力する場合は、「ASITA」と英字のキーを 5 回キー押します。

かな入力では、日本語を入力するときはひらがな、英数字や記号を入力するときは英数字や記号を探して入力します。上の図の 4 つの文字を覚える必要があり、覚えるキーの数は多くなります。キーを押す回数は少なくて済みます。「あした」と入力するときは「あした」とかなのキーを 3 回押せば入力できます。英単語を入力するときは、日本語入力システムをオフにして英字のキーを探して入力します。ひらがなと英字を打ち分けながら入力するため、操作が少し煩雑になります。

Web ページの URL やメールアドレスなどはアルファベットで入力することが多いため、キーボードの英字を探して入力する機会が多くなります。そのため、本書ではローマ字入力をお勧めしています。

日本語入力システムをオンにして、$\boxed{\begin{smallmatrix}\% & え\\ 5 & え\end{smallmatrix}}$ キーを使って「５％」と入力してみましょう。

① 画面右下に $\boxed{あ}$ と表示されていない場合は、$\boxed{A}$ をクリックして日本語入力システムをオンにします。

② $\boxed{\begin{smallmatrix}\% & え\\ 5 & え\end{smallmatrix}}$ キーを押します。

③ "5"と入力され、文字の下に破線が表示されます。
日本語入力システムがオンのときは予測変換候補が表示されます。

④ $\boxed{\text{Shift}}$ キーを押しながら $\boxed{\begin{smallmatrix}\% & え\\ 5 & え\end{smallmatrix}}$ キーを押します。

⑤ "％"と入力され、文字の下に破線が表示されます。

⑥ ［Enter］キーを押します。

⑦ 下線が消え、文字が確定されます。

⑧ ［Enter］キーを押して改行します。

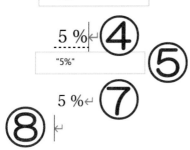

🎎 ワンポイント　文字の確定と改行

入力した文字が他の文字に変わらないようにすることを**確定**といいます。文字を確定するときは［Enter］キーを押します。また、文字を入力後、改行するときも［Enter］キーを押します。［Enter］キーで改行すると新しく行が作成され、↵ 段落記号が表示されます。

5 文字の削除と挿入

入力した文字を削除する方法、後から文字を挿入する方法を確認しましょう。

●文字の削除

文字を削除するときは $\boxed{\begin{smallmatrix}\text{Back}\\ \text{space}\end{smallmatrix}}$ （バックスペース）キーや $\boxed{\text{Delete}}$ （デリート）キーを使います。$\boxed{\begin{smallmatrix}\text{Back}\\ \text{space}\end{smallmatrix}}$ キーはカーソルの左側の文字を消すとき、$\boxed{\text{Delete}}$ キーはカーソルの右側の文字を消すときに使います。状況に応じて使い分けられるようにしましょう。

※タッチ操作の場合は、$\boxed{\qquad ⌫ \qquad}$ を使います。使い方は $\boxed{\begin{smallmatrix}\text{Back}\\ \text{space}\end{smallmatrix}}$ キーと同じです。

① $\boxed{\begin{smallmatrix}! & \\ 1 & ぬ\end{smallmatrix}}$ $\boxed{\begin{smallmatrix}" & \\ 2 & ふ\end{smallmatrix}}$ $\boxed{\begin{smallmatrix}\# & あ\\ 3 & あ\end{smallmatrix}}$ $\boxed{\begin{smallmatrix}\$ & う\\ 4 & う\end{smallmatrix}}$ $\boxed{\begin{smallmatrix}\% & え\\ 5 & え\end{smallmatrix}}$ を押して "１"、"２"、"３"、
"４"、"５"と入力し、［Enter］キーを押して確定します。

② "３"の右側にマウスポインターを合わせて、Ⅰ の形になったらクリックしてカーソルを移動します。

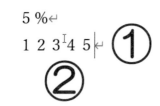

40

③ [Back space] キーを1回押します。

5 %↵

④ カーソルの左側の "3" が消えたことを確認します。

1 2|4 5↵

⑤ [Delete] キーを1回押します。

⑥ カーソルの右側の "4" が消えたことを確認します。

5 %↵

⑦ [Back space] キーと [Delete] キーを使って残りの文字を削除します。

1 2|5↵

●文字の挿入

文字を挿入するときは、挿入したい位置にカーソルを移動して文字を入力します。後から入力した文字がカーソルの位置に挿入され、元々あった文字は右側に移動します。
「0」（ゼロ）を挿入して「5％」を「50％」にしましょう。

① "5" の右側にマウスポインターを合わせてクリックし、
　カーソルを移動します。

② [を 0 わ] を押して "0" と入力します。

③ [Enter] キーを押して確定します。

④ "0" が挿入され、"50％" に変わったことを
　確認します。

⑤ [↓] を押して、2行目にカーソルを移動します。

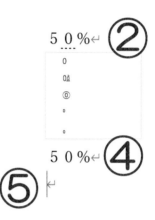

ワンポイント　カーソルの移動

［↑］［↓］［←］［→］を押してもカーソルを移動することができます。文字を入力しているときは、これらの方向キーを使うと便利です。

レッスン 2　ひらがな・漢字・カタカナ・記号・英字の入力

日本語には、ひらがな、漢字、カタカナ、英数字、記号などいろいろな種類の文字があります。ローマ字入力を使って日本語のいろいろな種類の文字を打ち分ける方法を確認しましょう。単語の入力方法を確認しながら、日本語の文字入力に慣れましょう。

1　ひらがな（読みがな）の入力

パソコンで日本語を入力するときは、ひらがなで正しい読みがなを入力することが大切です。ローマ字入力でよく使われる、読みがなの入力方法を確認しましょう。

●基本的な語句の入力

「おはよう」と入力してみましょう。

① ⎡O ら⎤⎡H く⎤⎡A ち⎤⎡Y ん⎤⎡O ら⎤⎡U な⎤ とキーを押します。

② "おはよう" と入力され、文字の下に破線が表示されます。

　※日本語入力システムをオンにして文字を入力すると、文字の変換候補が表示されます。ここではひらがなのまま確定します。

③ ［Enter］キーを押して確定します。

④ もう一度［Enter］キーを押して改行します。

●「ん」を含む語句の入力

「こんにちは」と入力してみましょう。

① ⎡K の⎤⎡O ら⎤⎡N み⎤⎡N み⎤⎡N み⎤⎡I に⎤⎡T か⎤⎡I に⎤⎡H く⎤⎡A ち⎤ とキーを押します。

② "こんにちは" と入力され、文字の下に破線が表示されます。

③ ［Enter］キーを押して確定します。

④ もう一度［Enter］キーを押して改行します。

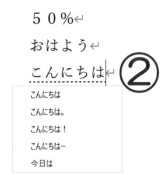

🎎 ワンポイント　「ん」の入力

KONNNITHA（こんにちは）などの「ん」は、キーボードの⎡N み⎤を 2 回押すと入力できます。

PENGINN（ぺんぎん）など、「ん」に続く文字が子音で始まるときは、キーボードの⎡N み⎤を 1 回押すと、「ん」が表示されます。

42

●長音「ー」を含む語句の入力

「めーる」と入力してみましょう。めーるなどの「ー」を**長音**といいます。長音は、キーボードの

⌨をそのまま押して入力します。

① M̲ E̲ =̲ R̲ U̲ とキーを押します。
② "めーる" と入力され、文字の下に破線が表示されます。
③ ［Enter］キーを押して確定します。
④ もう一度 ［Enter］キーを押して改行します。

●小さい「っ」（促音）を含む語句の入力

「ざっか」と入力してみましょう。**小さい「っ」**を**促音（そくおん）**といいます。小さい「っ」の後の
文字「か」の**子音「K」を 2 回押す**と、小さい「っ」が入力されます。

① Z̲ A̲ K̲ K̲ A̲ とキーを押します。
② "ざっか" と入力され、文字に破線が表示されます。
③ ［Enter］キーを押して入力した文字を確定します。
④ もう一度 ［Enter］キーを押して改行します。

●小さい「やゆよ」を含む語句の入力

「しょさい」と入力してみましょう。**小さい「やゆよ」**を**拗音（ようおん）**といいます。拗音は、
子音と母音の間に「Y」を押すと、「やゆよ」が入力されます。

① S̲ Y̲ O̲ S̲ A̲ I̲ とキーを押します。
② "しょさい" と入力され、文字に破線が表示されます。
③ ［Enter］キーを押して入力した文字を確定します。
④ もう一度 ［Enter］キーを押して改行します。

🎎 ワンポイント　他の小さい文字の入力方法

小さい文字は、入力したい文字の前に「L」を押して入力することもできます。
「Little」の「L」と覚えておくと良いでしょう。また、L の代わりに「X」を押しても使えます。

あ	い	う	え	お	っ	や	ゆ	よ
LA	LI	LU	LE	LO	LTU	LYA	LYU	LYO

うぇあ　→　U（う）LE（ぇ）A（あ）
ざっか　→　ZA（ざ）LTU（っ）KA（か）
しょさい　→　SI（し）LYO（ょ）SA（さ）I（い）

43

ローマ字入力対応表

	A	I	U	E	O		A	I	U	E	O
あ	あ A	い I	う U	え E	お O	**ら R**	ら RA	り RI	る RU	れ RE	ろ RO
か K	か KA	き KI	く KU	け KE	こ KO	**ら R**	りゃ RYA	りぃ RYI	りゅ RYU	りぇ RYE	りょ RYO
	きゃ KYA	きぃ KYI	きゅ KYU	きぇ KYE	きょ KYO	**わ W**	わ WA	うぃ WI	うぇ WE		を WO
さ S	さ SA	し SI / SHI	す SU	せ SE	そ SO	**ん N**	ん NN				
	しゃ SYA / SHA	しぃ SYI	しゅ SYU / SHU	しぇ SYE / SHE	しょ SYO / SHO	**が G**	が GA	ぎ GI	ぐ GU	げ GE	ご GO
た T	た TA	ち TI / CHI	っ TU / TSU	て TE	と TO		ぎゃ GYA	ぎぃ GYI	ぎゅ GYU	ぎぇ GYE	ぎょ GYO
	ちゃ TYA / CHA	ちぃ TYI	ちゅ TYU / CHU	ちぇ TYE / CHE	ちょ TYO / CHO	**ざ Z**	ざ ZA	じ ZI / JI	ず ZU	ぜ ZE	ぞ ZO
	てゃ THA	てぃ THI	てゅ THU	てぇ THE	てょ THO		じゃ ZYA / JA	じぃ ZYI	じゅ ZYU / JU	じぇ ZYE / JE	じょ ZYO / JO
な N	な NA	に NI	ぬ NU	ね NE	の NO	**だ D**	だ DA	ぢ DI	づ DU	で DE	ど DO
	にゃ NYA	にぃ NYI	にゅ NYU	にぇ NYE	にょ NYO		ぢゃ DYA	ぢぃ DYI	ぢゅ DYU	ぢぇ DYE	ぢょ DYO
は H	は HA	ひ HI	ふ HU / FU	へ HE	ほ HO		でゃ DHA	でぃ DHI	でゅ DHU	でぇ DHE	でょ DHO
	ひゃ HYA	ひぃ HYI	ひゅ HYU	ひぇ HYE	ひょ HYO	**ば B**	ば BA	び BI	ぶ BU	べ BE	ぼ BO
	ふぁ FA	ふぃ FI		ふぇ FE	ふぉ FO		びゃ BYA	びぃ BYI	びゅ BYU	びぇ BYE	びょ BYO
ま M	ま MA	み MI	む MU	め ME	も MO	**ぱ P**	ぱ PA	ぴ PI	ぷ PU	ぺ PE	ぽ PO
	みゃ MYA	みぃ MYI	みゅ MYU	みぇ MYE	みょ MYO		ぴゃ PYA	ぴぃ PYI	ぴゅ PYU	ぴぇ PYE	ぴょ PYO
や Y	や YA		ゆ YU		よ YO	**ヴぁ V**	ヴぁ VA	ヴぃ VI	ヴ VU	ヴぇ VE	ヴぉ VO
	ゃ LYA	ぃ LYI	ゅ LYU	ぇ LYE	ょ LYO						

44

2 漢字の入力と変換

日本語は、ひらがなや漢字が入り混じった文章で書かれているため、漢字を使って文章を入力します。漢字を入力するときは、最初にひらがなで読みがなを入力し、次に目的の漢字に変換し、最後に変換した文字を確定します。
ここではパソコンのキーボードを例にして説明します。

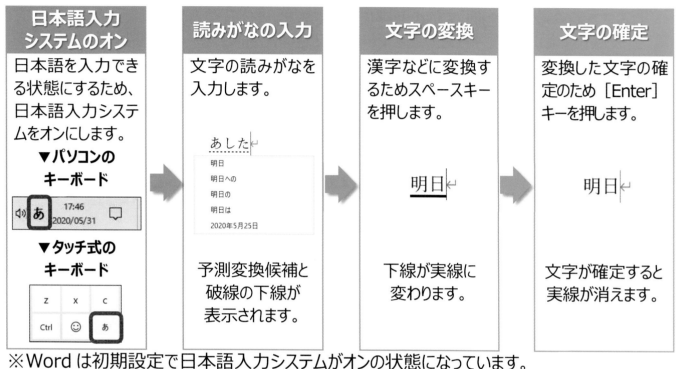

日本語入力システムのオン	読みがなの入力	文字の変換	文字の確定
日本語を入力できる状態にするため、日本語入力システムをオンにします。	文字の読みがなを入力します。	漢字などに変換するためスペースキーを押します。	変換した文字の確定のため［Enter］キーを押します。

※ Word は初期設定で日本語入力システムがオンの状態になっています。

●基本的な漢字の変換

「あした」と入力し、「明日」に変換しましょう。

① 画面右下に あ と表示されていない場合は、A をクリックして日本語入力システムをオンにします。
　　※タッチ式キーボードの場合は、画面右下に あ と表示されていない場合は、A をクリックして日本語入力システムをオンにします。

② A S I T A とキーを押します。
③ "あした" と入力され、文字の下に破線と予測変換候補が表示されます。
④ スペースキーを押して漢字に変換します。
⑤ 文字の下の破線が実線に変わります。
⑥ ［Enter］キーを押して変換した文字を確定します。
⑦ 文字の下の実線がなくなります。
⑧ もう一度［Enter］キーを押して改行します。

●同音異義語がある漢字の変換

「みどり」と入力し、同音異義語のある漢字の「碧」に変換しましょう。

① M_も I_に D_し O_ら R_す I_に とキーを押します。

② "みどり" と入力され、文字の下に破線と予測変換候補が表示されます。

③ スペースキーを押して漢字に変換します。

④ もう一度スペースキーを押すと、変換候補が一覧で表示されます。目的の漢字が表示されるまでスペースキーを押して他の漢字に変換します。
変換候補で目的の漢字を通り過ぎてしまったときは、[↑] キーを押すと、変換候補を上に戻ることができます。[↓] キーを押すと、変換候補を下に進めることができます。

⑤ 変換したい漢字を反転させ [Enter] キーを押して確定します。

⑥ 文字の下の実線がなくなります。

⑦ もう一度 [Enter] キーを押して改行します。

3　カタカナ・記号の変換

一般的に**カタカナ**で使われている言葉は、漢字と同様に**スペースキー**を使って変換できます。また、よく使われる**記号**も、**スペースキー**を使って変換できます。

●カタカナの変換

「くらす」と入力し、「クラス」に変換しましょう。

① K_の U_な R_す A_ち S_と U_な とキーを押します。

② "くらす" と入力され、文字の下に破線と予測変換候補が表示されます。

③ スペースキーを押してカタカナに変換します。

④ 文字の下の破線が実線に変わります。

⑤ [Enter] キーを押して変換した文字を確定します。

⑥ 文字の下の実線がなくなります。

⑦ もう一度 [Enter] キーを押して改行します。

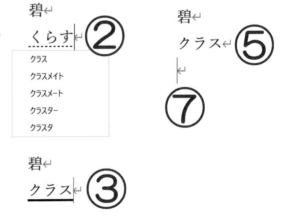

●記号の変換

「ゆうびん」と入力し、「〒」に変換しましょう。

① <kbd>Y_ん</kbd> <kbd>U_な</kbd> <kbd>U_な</kbd> <kbd>B_こ</kbd> <kbd>I_に</kbd> <kbd>N_み</kbd> <kbd>N_み</kbd> とキーを押します。

② "ゆうびん" と入力され、文字の下に破線と予測変換候補が表示されます。

③ スペースキーを押して変換します。

④ もう一度スペースキーを押すと、変換候補が一覧で表示されます。目的の記号が表示されるまでスペースキーを押して変換します。

⑤ 変換したい記号を反転させ［Enter］キーを押して確定します。

⑥ 文字の下の実線がなくなります。

⑦ もう一度［Enter］キーを押して改行します。

4　ファンクションキーを使った変換

スペースキーを使ってカタカナに変換できない語句や、英字表記で使われている語句は、**ファンクションキー**を使うと、入力した文字を「全角カタカナ」・「半角カタカナ」・「全角英数字」・「半角英数字」に直接変換できます。変換で使うファンクションキーは次のとおりです。

F6	F7	F8	F9	F10
全角ひらがな	全角カタカナ	半角カタカナ	全角英数字	半角英数字

カタカナ、**英字**、**数字**には**全角文字**と**半角文字**があります。半角文字は全角文字のほぼ半分の幅とされています。文字の書体によっては区別がつかないものもあります。

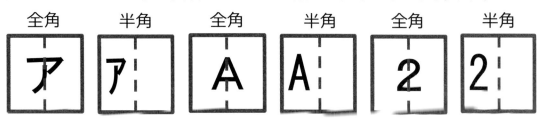

ファンクションキーを使って、半角英字で「Tel」と入力しましょう。

① $\boxed{\text{T}}$ $\boxed{\text{E}}$ $\boxed{\text{L}}$ とキーを押します。
② "て l" と入力され、文字の下に破線と
　　予測変換候補が表示されます。
③ ［F10］キーを 1 回押します。
④ "tel" に変換されます。
⑤ もう一度［F10］キーを押します。
⑥ "TEL" に変換されます。
⑦ さらに［F10］キーを押します。
⑧ "Tel" に変換されます。
⑨ ［Enter］キーを押して確定します。
⑩ ［Enter］キーを押して改行します。

![ワンポイント] **ファンクションキーの動作**

ファンクションキーを押す回数によって変換される文字が変わります。**［F9］キーと［F10］キー**は押すたびに、すべて小文字→すべて大文字→先頭だけ大文字の英字に替わります。**［F7］キーと［F8］キー**は押すたびに、最後の文字からひらがなに変わります。

![ワンポイント] **句読点、かぎかっこ、感嘆符や疑問符の入力**

日本語の文章でよく使われる句読点、かぎかっこ、感嘆符や疑問符は次のように入力します。

、（読点）	$\boxed{<,\ ,ね}$ キーをそのまま押します。
。（句点）	$\boxed{>。\ .る}$ キーをそのまま押します。
「（開くかっこ）	$\boxed{\{「\ [\ ゜}$ キーをそのまま押します。
」（閉じかっこ）	$\boxed{\}」\ ]む}$ キーをそのまま押します。
！（感嘆符）	$\boxed{\text{Shift}}$ キーを押しながら $\boxed{!\ 1ぬ}$ キーを押します。
？（疑問符）	$\boxed{\text{Shift}}$ キーを押しながら $\boxed{?・\ /め}$ キーを押します。

レッスン 3　文章の入力

日本語では、漢字、ひらがな、カタカナ、英数字、記号などが入り混じった文章を入力します。ここでは、短文を入力して変換する練習を通じて、基本的な文章の入力方法を確認しましょう。また、思いどおりに変換できないときの対処方法についても確認しましょう。

1　基本的な文章の入力

文章を入力してスペースキーを押すと、自動的に文節に区切って文章全体が変換されます。
一度の変換で正しく変換されたときは、[Enter] キーを押して文章全体を確定します。
異なる変換結果になったときは、[←] キーや [→] キーを使って変換対象を切り替え、
変換したい語句に変換してから [Enter] キーを押して文章全体を確定します。

●文章全体の変換

「お久しぶり、お元気ですか？」と入力しましょう。

① OHISASIBURI、OGENN KIDESUKA Shift ？ とキーを押します。

② "おひさしぶり、おげんきですか？" と入力され、文字の下に破線と予測変換候補が表示されます。

③ スペースキーを押して文章に変換します。

④ 一度の変換で正しい文章が表示されたときは [Enter] キーを押して確定します。

⑤ [Enter] キーを押して改行します。

おひさしぶり、おげんきですか？ ②
お久しぶり、お元気ですか？

お久しぶり、お元気ですか？ ③

お久しぶり、お元気ですか？ ④

⑤

●変換対象を切り替えた変換

「絵画を観る。」と入力しましょう。

① KAIGAWOMIRU >。 とキーを押します。

② "かいがをみる。" と入力され、文字の下に破線と予測変換候補が表示されます。

③ スペースキーを押して文章に変換します。

④ [→] キーを押して、変換対象を他の文節に切り替えます。

⑤ 変換対象の文節の下に太実線が表示されます。

⑥ スペースキーを押して目的の漢字に変換します。

⑦ [Enter] キーを押して文章を確定します。

⑧ [Enter] キーを押して改行します。

かいがをみる。 ② 絵画を見る。
絵画を見る。
"kaigawomiru." ③

絵画を観る。 ⑤

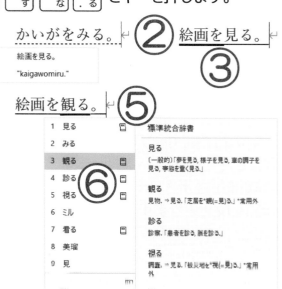

1 見る
2 みる
3 観る
4 診る ⑥
5 視る
6 ミル
7 看る
8 美瑠
9 見

標準統合辞書

見る
（一般的）「夢を見る, 様子を見る, 車の調子を見る, 事態を重く見る.」

観る
見物. ⇒ 見る.「芝居を*観(=見)る.」*常用外

診る
診察.「患者を診る, 脈を診る.」

視る
調査. ⇒ 見る.「被災地を*視(=見)る.」*常用外

49

2　応用的な文章の入力

文章が思ったとおりに変換されないときは、文節の区切り方が異なっていることがあります。

文節の区切り方を変更するときは、[Shift]キーを押しながら、［←］キーか［→］キーを押して選択する文節を調整します。

また、一度確定した文章で誤変換があるときは、再変換して正しい語句に変換することもできます。確定した語句を再変換するには、対象の語句にカーソルを移動して［変換］キーを押します。

●文節の区切り方の変更

「今日買いに行く」と入力しましょう。

① [K の][Y ん][O ら][U な][K の][A ち][I に][N み][I に][I に][K の][U な]とキーを押します。

② "きょうかいにいく" と入力され、文字の下に破線と予測変換候補が表示されます。

③ スペースキーを押して文章に変換します。

④ "教会に行く" の "教会に" の下に太実線が表示されていることを確認します。
太実線は変換対象の文節を表します。

⑤ [Shift]キーを押しながら［←］キーを2回押して、変換される文節の長さを短くします。

⑥ "きょう" の下に太実線が表示されていることを確認します。

⑦ スペースキーを押して "今日買いに行く" に変換します。

⑧ ［Enter］キーを押して文章を確定します。

⑨ ［Enter］キーを押して改行します。

●確定した文字の再変換

一度「天気」に変換後確定し、「転機」に再変換しましょう。

① [T か][E ぃ][N み][N み][K の][I に]とキーを押します。

② 「天気」に変換し、確定します。

③ 「天気」の行内にカーソルが表示されていることを確認して［変換］キーを押します。

④ 変換候補が表示されます。変換したい語句の「転機」を反転させます。

⑤ ［Enter］キーを押して確定します。

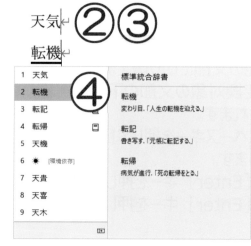

レッスン 4　入力した文書の保存と開き方

レッスン 3 までの復習として、少し長い文章を入力しましょう。また、入力した文章をパソコンに残しておきたいときは、文書として**名前を付けて保存**します。保存した文書は、後から開いて内容を確認したり、作業の続きを行ったりすることができます。

1　文章の入力と保存

レッスン 3 までの総復習として、Word で白紙の文書を開き、入力例を参考に少し長い文章を入力しましょう。

① ［ファイル］タブをクリックします。

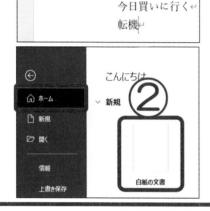

② ［ホーム］の［白紙の文書］をクリックして
　白紙の文書を開きます

③ 入力例を参考にして文章を入力します。
入力例）

芥川龍之介

蜘蛛の糸

　ある日の事でございます。御釈迦様は極楽の蓮池のふちを、独りでぶらぶら御歩きになっていらっしゃいました。池の中に咲いている蓮の花は、みんな玉のように真っ白で、その真ん中にある金色の蕊からは、何とも云えない好い匂が、絶間なく溢れて居ります。極楽は丁度朝なのでございましょう。

　やがて御釈迦様はその池のふちに御佇みになって、水の面を蔽っている蓮の葉の間から、ふと下の容子を御覧になりました。この極楽の蓮池の下は、丁度地獄の底に当たって居りますから、水晶のような水を透き徹して、三途の河や針の山の景色が、丁度覗き眼鏡を見るように、はっきりと見えるのでございます。

※ふりがなは入力する必要はありません。
※2 行目は［Enter］キーを押して改行します。
※4 行目と 8 行目は、はじめにスペースキーを押して、空白を 1 文字入力します。

入力した文章に「蜘蛛の糸」という名前を付けて［ドキュメント］フォルダーに保存しましょう。

① ［ファイル］タブをクリックします。

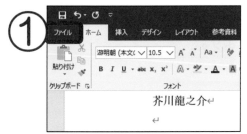

② ［名前を付けて保存］をクリックし、［参照］をクリックします。

③ ［名前を付けて保存］ダイアログボックスが表示され、［ドキュメント］が選択されていることを確認します。

④ ［ファイル名］ボックスに「蜘蛛の糸」と入力し、［保存］をクリックします。

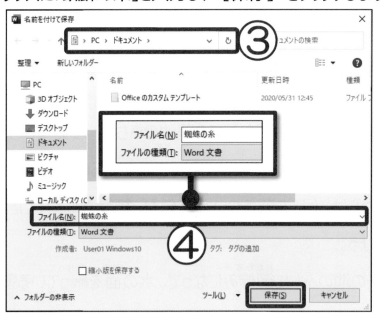

⑤ Word のタイトルバーに"蜘蛛の糸"と表示されていることを確認します。
⑥ ［×］ボタンをクリックして、文書"蜘蛛の糸"を閉じます。

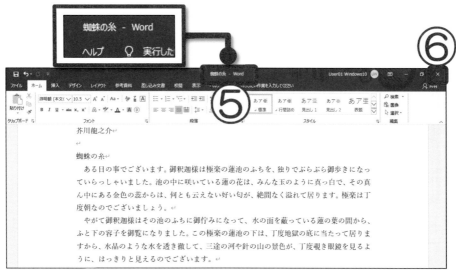

⑦ 同様にして、入力練習を行ったファイルに「練習」という名前を付けて保存します。
⑧ ［×］ボタンをクリックして Word を閉じます。

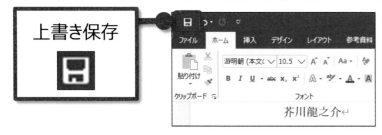

ワンポイント **上書き保存**

名前を付けて保存した文書の内容の追加や訂正をしたときは、文書を**上書き保存**します。
上書き保存をするには、**［上書き保存］ボタン**をクリックします。

上書き保存

2 保存した文書（ファイル）の開き方

名前を付けて保存した文書（ファイル）を開く方法を確認しましょう。パソコンで作成した
データを"ファイル"といいます。ファイルを開いて内容を確認したり、作業の続きを行ったりす
るときに必要な作業です。しっかり覚えましょう。
保存した文書「蜘蛛の糸」を開いて内容を確認しましょう。

① タスクバーの［エクスプローラー］をクリックします。

② ナビゲーションウィンドウの［PC］の［ドキュメント］をクリックします。PC は自分が使っているパソコンのことです。

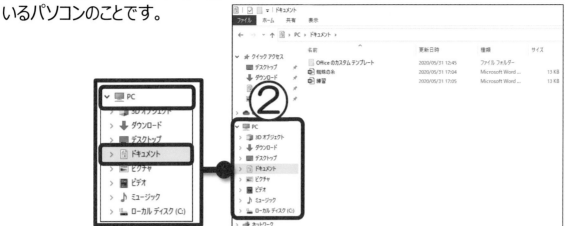

③ ［PC］の［ドキュメント］が開きます。［蜘蛛の糸］をダブルクリックします。

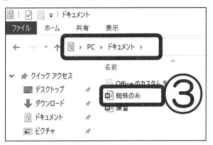

④ Word が自動的に起動して、文書［蜘蛛の糸］が開きます。

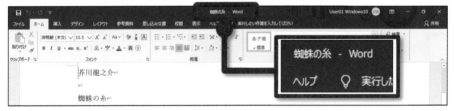

ワンポイント　Word での文書の開き方

Word を起動して、［開く］をクリックして、［参照］をクリックします。
［ファイルを開く］ダイアログボックスの［ドキュメント］をクリックし、開きたい文書をダブルクリックします。

第3章

ファイル、フォルダーの操作を理解しよう

レッスン 1　エクスプローラーの使い方

Windows 10 には、パソコンで作った文書は「ドキュメント」、写真などの画像は「ピクチャ」のように、データ（ファイル）を保存する場所が用意されています。保存先を意識しないでファイルを保存すると、どこに保存したかわからなくなってしまうことがあります。また、デジタルカメラで撮った写真や、メールで送られてきた通知文などをパソコンで利用したいこともあります。**エクスプローラー**を使うと、保存されているファイルの確認、移動やコピーなどのデータの管理、フォルダーを使ったデータの整理を行うことができます。

1　ファイルやフォルダーとエクスプローラー

パソコンで扱う文書や写真などのデータのことを総称して**ファイル**といいます。ファイルを整理するための入れものを**フォルダー**といいます。ファイルやフォルダーを管理するときに使うのが**エクスプローラー**です。

ファイルを洋服、フォルダーを引き出し、エクスプローラーをタンスに置き換えて考えると解りやすいでしょう。洋服には、シャツや T シャツ、ズボンやスカート、上着などいろいろ種類があります。洋服をしまうときには、全部を同じ引き出しにしまうのではなく、シャツや T シャツの引き出し、ズボンの引き出し、上着の引き出しのように、引き出しを変えてタンスを使って整理をしています。エクスプローラーを使うと、洋服を引き出しにしまってタンスで整理するように、ファイルをフォルダーに入れて整理することができます。

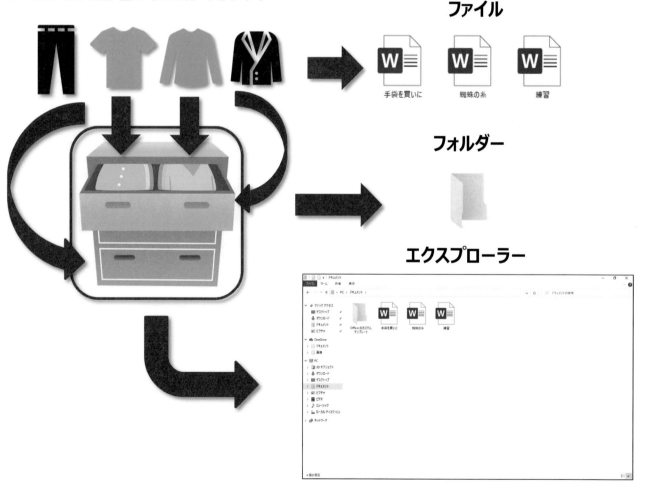

ファイル

フォルダー

エクスプローラー

2 エクスプローラーの画面構成

エクスプローラーを使うと、パソコンに保存されているファイルやフォルダーを確認することができます。エクスプローラーを開き、ウィンドウの名称や役割について確認しましょう。

① タスクバーの［エクスプローラー］をクリックします。
② エクスプローラーが開きます。ナビゲーションウィンドウの［ドキュメント］をクリックします。

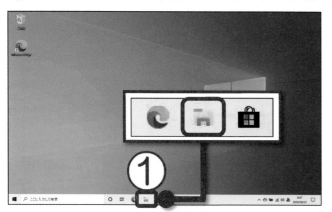

データがあるとここに表示されます。

エクスプローラー各部の名称と役割は次のとおりです（図は［ホーム］タブを表示した状態）。

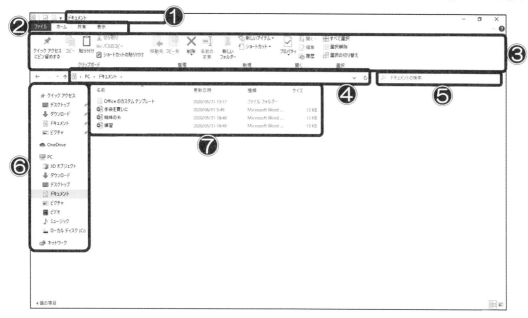

❶ タイトルバー	選択しているフォルダーの名前が表示されます。
❷ タブ	クリックしたタブに関連したリボンの内容が表示されます。
❸ リボン	操作で使うボタンなどが配置されています。
❹ アドレスバー	選択しているフォルダーの場所が表示されます。
❺ ［検索］ボックス	入力した文字を含むファイルやフォルダーを検索します。
❻ ナビゲーションウィンドウ	フォルダーを切り替えるときに使います。［クイックアクセス］にはよく使うフォルダーや最近使ったフォルダーが表示されます。
❼ ファイル一覧	選択しているフォルダー内のファイルやフォルダーが一覧で表示されます。

エクスプローラーの [PC] を開くと、パソコン内部のハードディスクや DVD ドライブや Blu-ray ドライブなど外部記憶装置を確認することができます。

① ナビゲーションウィンドウの [PC] をクリックします。
② [デバイスとドライブ] にパソコン内部のハードディスク、外部記憶装置が表示されます。ハードディスクのアイコンの下には、"空き領域○○GB/○○GB"のように、ハードディスクの空き領域のサイズと全体のサイズが表示されます。

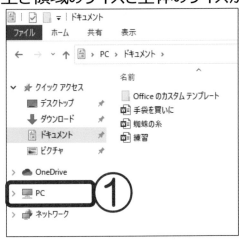
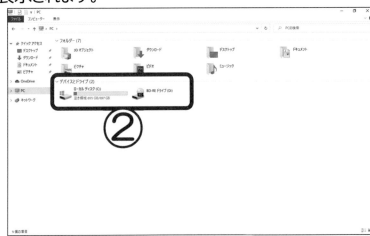

3 フォルダーの使い方

Windows 10 には、「ドキュメント」、「ピクチャ」などのフォルダーがあらかじめ用意されていますが、フォルダーは自分で作ることもできます。"クラス会"、"町内会" など資料の名前を付けたフォルダーを作って関連する資料をまとめて入れておくと、わかりやすく整理することができます。文学作品の入力練習を行った Word ファイルがあることを前提として、「文学」という名前のフォルダーを作り、ファイルの整理をしてみましょう。

●フォルダーの作成
作業しやすいようにアイコンのサイズを大きくしてから、フォルダーを作りましょう。

① [ドキュメント] をクリックし、[表示] タブをダブルクリックします。
　※タブをダブルクリックすると、常にリボンが表示されるようになります。画面を広く使いたいときなど、リボンを非表示にする場合は、もう一度タブをダブルクリックします。

② ［大アイコン］ボタンをクリックします。アイコンのサイズが大きくなったことを確認します。
　※アイコンの表示方法は［表示］タブの［レイアウト］で切り替えられます。自分の使い
　　やすい大きさを探してみましょう。

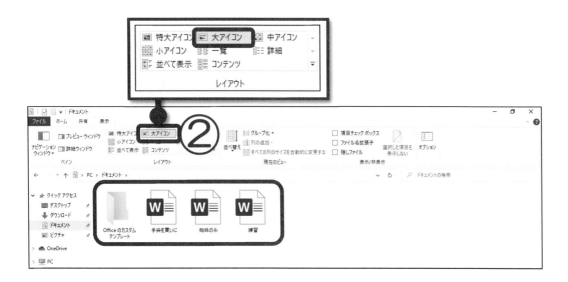

③ ［ホーム］タブをクリックし、［新しいフォルダー］ボタンをクリックします。
④ "新しいフォルダー"という名前のフォルダーが作成され、名前が青く反転します。

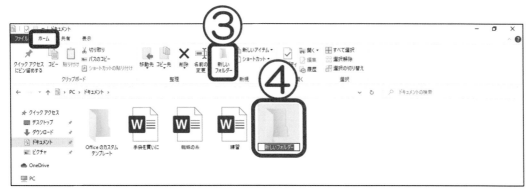

⑤ フォルダー名に「文学」と入力し、［Enter］キーを押してフォルダーの名前を確定します。
　「文学」という名前のフォルダーが作成されます。

●ファイルの移動と確認

［文学］フォルダーに Word ファイルを移動して整理し、［文学］フォルダーに入っていることを確認しましょう。

① ［手袋を買いに］ファイルのアイコンをドラッグし、［文学］フォルダーの上に移動します。"→ 文学へ移動"と表示されたらマウスのボタンを離します。

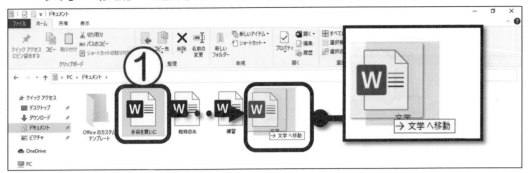

② 同様にして、他の Word ファイルを移動します。
③ ［文学］フォルダーをダブルクリックします。

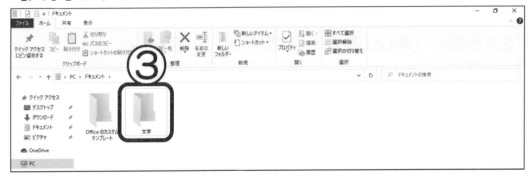

④ Word ファイルが移動して［文学］フォルダーの中に入っていることを確認します。

4 ファイルやフォルダーの並べ替え

ファイルやフォルダーが増えてくると、データを探しにくくなることがあります。
ファイルやフォルダーは、名前や種類などの基準で並べ替えることができます。

① ［表示］タブをクリックします。
② ［並べ替え］ボタンをクリックして［名前］、［更新日時］、［種類］、［サイズ］など
から並べ替える基準をクリックします。［昇順］、［降順］で並べ替えることができます。

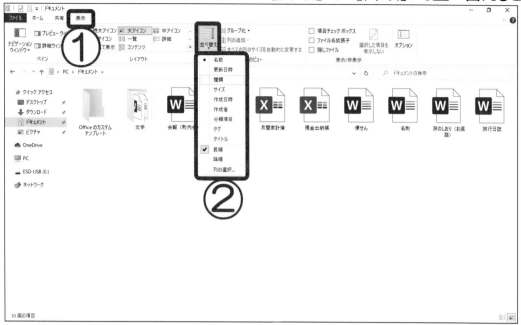

▼種類で並べ替えた例

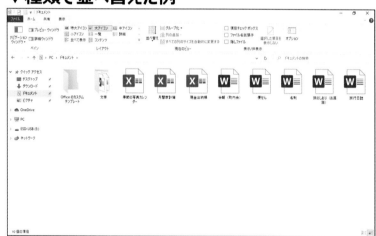

▼更新日時で並べ替えた例

いろいろな方法の並べ替えを
試して、自分の使いやすい
方法を見つけましょう。

61

5　圧縮フォルダーの使い方

ファイルをフォルダーに入れて圧縮にすると、圧縮されていないファイルに比べてサイズを小さくすることができます。また、電子メールなどでファイルを送るときは、ファイルを1つずつ送るよりも、複数のファイルを1つにまとめ、**圧縮フォルダー**にして送ります。圧縮フォルダーを受け取ったら、展開して使います。Windows 10 には、Zip 形式の圧縮フォルダーの作成や展開を行う機能があります。

●圧縮フォルダーの作成

［文学］フォルダーを圧縮フォルダーにしてみましょう。

① ［文学］フォルダーをクリックします。
② ［共有］タブをクリックし、［Zip］ボタンをクリックします。
③ 圧縮フォルダーが作成され、フォルダー名が青く反転します。
④ 「文学データ」と入力し、［Enter］キーを押して確定します。
　※圧縮フォルダーは、ファスナーが付いたアイコンで表示されます。ファスナーは英語でZipper（ジッパー）というためです。

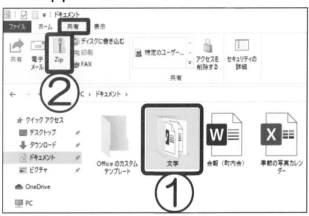
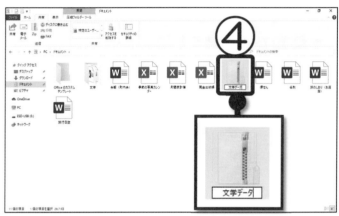

ワンポイント　圧縮フォルダーのサイズ

圧縮フォルダーのサイズは、ファイルやフォルダーの表示を［詳細］に変更すると確認できます。圧縮前よりも圧縮フォルダーにまとめるとサイズが小さくなっていることがわかります。

▼圧縮前のサイズ（全部で 39KB）

▼圧縮後のサイズ（30KB）

●圧縮フォルダーの展開

圧縮フォルダーにした［文学データ］フォルダーを展開しましょう。

① ［文学データ］フォルダーをクリックし、［展開］の［圧縮フォルダーツール］タブをクリックします。
② ［すべて展開］ボタンをクリックします。
③ 展開先のフォルダーを確認し、［展開］をクリックします。ここでは［ドキュメント］フォルダー内に展開しています。

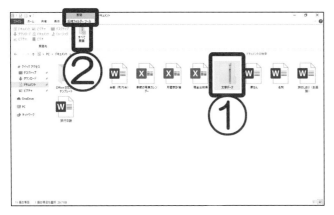

④ 圧縮フォルダーが展開され、［文学データ］
フォルダーが別のウィンドウで開きます。
［文学データ］フォルダーの中に［文学］フォルダーが表示されます。
⑤ ［文学］フォルダーをダブルクリックして、3つのファイルが入っていることを確認します。
⑥ ［×］ボタンをクリックして、［文学］フォルダーを閉じます。

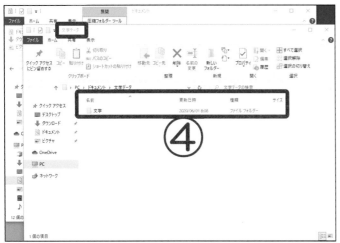

圧縮フォルダーの作り方や展開の方法をマスターすると、データのやり取りを行うときに役立ちます。しっかり覚えて使いこなせるようにしましょう。また、1つのファイルだけを圧縮することもできるので、サイズの大きなファイルをやり取りする場合に利用すると便利です。

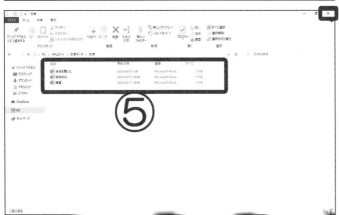

6 不要なファイルやフォルダーの削除

使わなくなって不要になったファイルやフォルダーは削除することができます。ファイルやフォルダーを削除すると、デスクトップのごみ箱に一時的に保存されます。ごみ箱を空にすると、パソコンからファイルやフォルダーを完全に削除できます。ごみ箱にデータが入っているかどうかは、ごみ箱のアイコンで確認することができます。

 削除した
データが入って
いるとき

 何も入って
いないとき

●不要なファイルやフォルダーの削除
［ドキュメント］フォルダーに展開した［文学データ］フォルダーと圧縮フォルダー［文学データ］を削除しましょう。

① ［文学データ］フォルダーをクリックし、［ホーム］タブをクリックします。
② ［削除］ボタンをクリックします。［Delete］キーを押しても削除することができます。

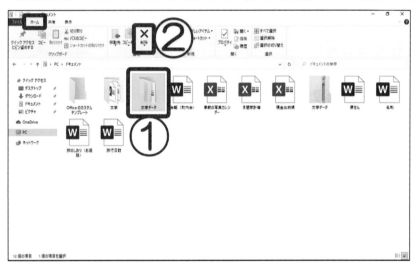

③ ［文学データ］フォルダーが削除され、ごみ箱が紙くずの入ったアイコンに変わります。
④ 同様にして、圧縮フォルダー［文学データ］を削除します。

●パソコンからの削除

ごみ箱を空にして、［文学データ］フォルダーと圧縮フォルダー［文学データ］をパソコンから
削除しましょう。

① デスクトップの［ごみ箱］をダブルクリックします。
② ［ごみ箱］ウィンドウが開きます。［文学データ］フォルダー、圧縮フォルダー［文学デー
　　タ］が入っていることを確認します。
③ ［管理］の［ごみ箱ツール］タブが選択されていることを確認し、［ごみ箱を空にする］
　　ボタンをクリックします。
　　※パソコンから削除したくないファイルやフォルダーがあるときは、そのファイルやフォルダーを
　　　　選択し、［選択した項目を元に戻す］ボタンをクリックします。

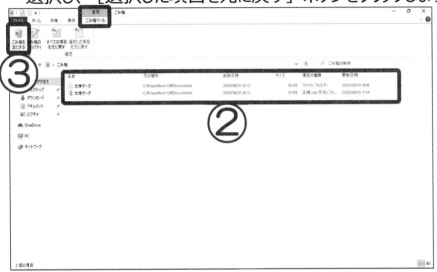

④ 削除の確認メッセージが表示されます。［はい］をクリックします。

⑤ ［ごみ箱］ウィンドウに入っていたフォルダーがなくなります。デスクトップのごみ箱も空のごみ
　　箱のアイコンに変わります。

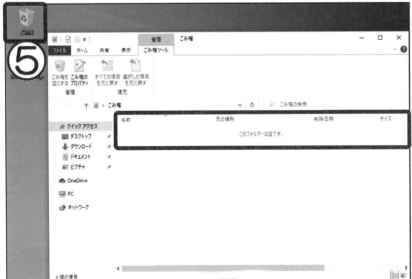

レッスン 2　外部ドライブの使い方

パソコンのデータを持ち出してほかの場所や別のパソコンで使いたいときや、データをパソコン以外の場所にバックアップしたいときには、外部ドライブに保存して使います。外部ドライブはパソコンにケーブルなどを繋いで使う、外部記憶装置のことをいいます。

1　USB メモリの使い方

USB メモリは大きさが小さいため携帯しやすく、データを保存できるサイズも大きいため、とてもよく使われています。

パソコンの USB 端子は、 のマークがあり、パソコンの背面または左右の側面にあります。USB 端子と USB メモリには凹凸があり、差し込む向きに注意しましょう。凹凸が噛み合うように USB 端子に USB メモリを差し込みましょう。

▼パソコンの USB 端子　　　　　　**▼USB メモリ**

●USB メモリの中身の確認
USB 端子に USB メモリを差し込んだら、エクスプローラーで中身を確認しましょう。

① パソコンの USB 端子に USB メモリを差し込みます。
② 画面右下に通知メッセージが表示され、しばらくすると消えます。
③ エクスプローラーを開きます。エクスプローラーのナビゲーションウィンドウの左下に差し込んだ USB メモリが表示されます。
　※型番や製品名で表示される場合があります。
④ クリックすると、USB メモリの中身が表示されます。
　※USB メモリを USB 端子に差し込んでも何も画面に表示されないときは、ナビゲーションウィンドウの［PC］をクリックして USB メモリを探します。

●USB メモリへのファイルのコピー

ドキュメントに保存されている［文学］フォルダーを USB メモリにコピーしましょう。

① ナビゲーションウィンドウの［クイックアクセス］の［ドキュメント］をクリックします。
② ［文学］フォルダーを右クリックし、［送る］にマウスポインターを合わせます。
③ ［USB］をクリックします。
④ ナビゲーションウィンドウの［USB］をクリックし、［文学］フォルダーがコピーされていることを確認します。

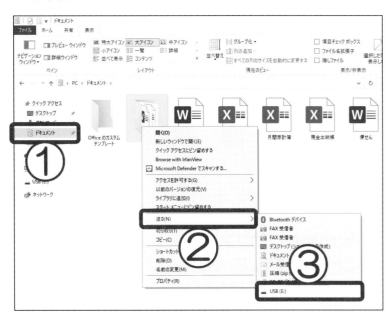
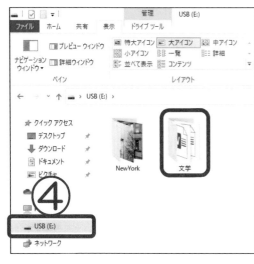

●USB メモリからファイルのコピー

USB メモリに保存されている写真をパソコンのピクチャにコピーしましょう。

① ナビゲーションウィンドウの［USB］をクリックします。
② パソコンにコピーしたい写真を［クイックアクセス］の［ピクチャ］にドラッグします。
　　"＋　ピクチャへコピー"と表示されたらマウスのボタンを離します。
③ ［クイックアクセス］の［ピクチャ］をクリックし、写真がコピーされていることを確認します。

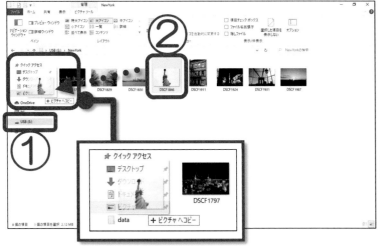
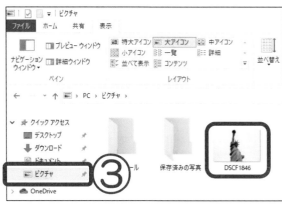

●USB メモリの取り外し

USB メモリを USB 端子から引き抜くと、保存されているデータが壊れてしまうことがあります。正しい手順で取り外すようにしましょう。

① タスクバー右端の通知領域にある △ をクリックします。

② 🔌 をクリックします。

③ ［USB DISK の取り出し］をクリックします。

④ 「ハードウェアの取り外し」というメッセージが表示されたら、USB 端子から USB メモリを取り外します。

![ワンポイント] **OneDrive への保存**

パソコンがインターネットに接続されていて、Microsoft アカウントでサインインしているときは、OneDrive にファイルやフォルダーを保存することができます。OneDrive は、クラウド上で利用できる外部記憶装置のようなものです。重要なデータは、パソコンと OneDrive の両方に保存しておくことをお勧めします。OneDrive への保存は、第 5 章の「レッスン 2 OneDrive の利用」で詳しく解説します。

2　DVD（Blu-ray）ドライブの使い方

写真などの大きなデータをやり取りしたいときは、**DVD（ディーブイディー）ディスク**などに書き込んで渡すと良いでしょう。DVD ディスクの書き込み機能を使うと、同じ内容の DVD ディスクを複数作成することもできます。DVD ディスクなどに書き込むときは、**DVD ドライブ**や **Blu-ray（ブルーレイ）ドライブ**を使います。両方をまとめて**光学ドライブ**ということもあります。パソコンによって付いているドライブが違いますが、基本的な使い方は同じです。

DVD ドライブはノートパソコンでは、左右側面または前面に、デスクトップパソコンでは前面に付いています。最近のパソコンは、DVD ドライブが付いていない機種も増えてきていますが、その場合は**外付けの DVD ドライブ**を USB 端子に接続して使います。

▼DVD ディスク

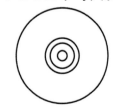

▼外付け DVD ドライブの例

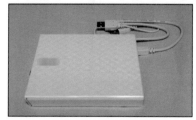

DVD ディスクにデータを書き込んでみましょう。
ここでは、Blu-ray ドライブに［ピクチャ］フォルダーの写真を書き込む方法で説明します。

① パソコンの DVD ドライブの ⏏ ［開/閉］ボタンを押して、DVD ドライブを開けます。
② 新品の DVD ディスクを DVD ドライブにセットして DVD ドライブを閉めます。
③ 画面右下に通知メッセージが表示され、しばらくすると消えます。
④ エクスプローラーを開き、ナビゲーションウィンドウの［PC］をクリックします。
⑤ DVD ドライブをダブルクリックして開きます。
　ここでは、［BD-RE ドライブ］を開きます。

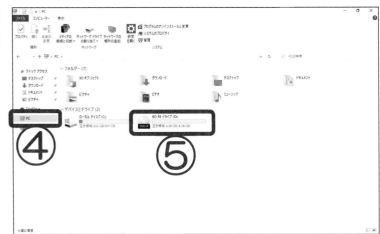

⑥ ［ディスクの書き込み］ダイアログボックスが開きます。ここでは、［CD/DVD プレイヤーで使用する］をクリックし、［次へ］をクリックします。
　※［USB フラッシュドライブと同じように使用する］を選択すると、後から書き込んだファイルの保存、編集、削除をすることができます。
　※データを渡すときは、［CD/DVD プレイヤーで使用する］を選択するとほとんどのパソコンで見ることができます。

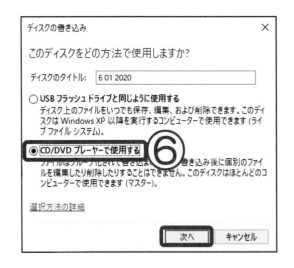

⑦ ナビケーションウィンドウの［ピクチャ］をクリックし、DVD ディスクに書き込みたいファイルをクリックします。
　※複数選択したいときは、ファイルをひとつクリックし、Shift キーを押しながら他のファイルをクリックします。
⑧ 選択したファイルのいずれかで右クリックし、［送る］にマウスポインターを合わせて DVD ドライブをクリックします。ここでは、［BD-RE ドライブ］をクリックします。

⑨ DVD ドライブが開きます。ここでは、[BD-RE ドライブ]が開きます。[ディスクに書き込む準備ができたファイル]と表示されていることを確認します。

⑩ [管理]の[ドライブツール]タブをクリックし、[書き込みを完了する]ボタンをクリックします。

⑪ [ディスクへの書き込み]ウィンドウが開きます。[ディスクのタイトル]ボックスに任意のタイトルを入力し、[次へ]をクリックすると DVD ディスクへの書き込みが始まります。

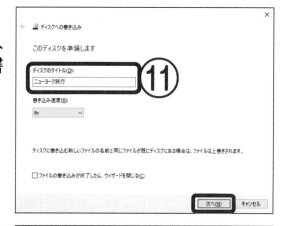

⑫ DVD ディスクへの書き込みが終わると "ファイルはディスクへ正しく書き込まれました" と表示され、DVD ドライブが開きます。[完了]をクリックします。

　　※ [はい、これらのファイルを別のディスクに書き込む]チェックボックスをオンにすると、同じDVDディスクを複数作成することができます。写真などを何人かに渡すときなどに指定すると初めから指定する手間を省くことができます。

⑬ 開いた DVD ドライブを閉め、エクスプローラーを開きます。ナビゲーションウィンドウの DVD ドライブをクリックし、写真が書き込まれていることを確認します。

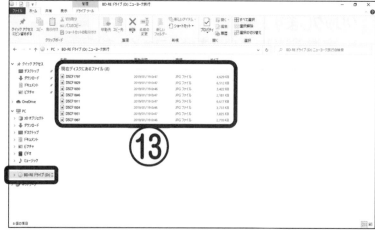

第4章

インターネットを利用してみよう

レッスン 1　インターネットを利用する準備

インターネットでは、情報の検索や収集、ネットショッピング、音楽や動画の鑑賞などができます。また、**SNS** などを介した知人や友人とのコミュニケーションもできます。
インターネットに接続するには、**インターネットサービスプロバイダー（プロバイダー）** と呼ばれる、インターネット接続代行業者と契約する必要があります。

1　インターネットはどんなもの

パソコン同士を通信回線やケーブルなどで接続したものを "ネットワーク" といいます。インターネットは、世界中のネットワーク同士を接続した巨大なネットワークです。巨大な蜘蛛の巣のように、ネットワークが世界中に張り巡らされていることから、**World Wide Web（Web、ウェブ、蜘蛛の巣）** ともいいます。インターネットでは、次のように様々なことができます。

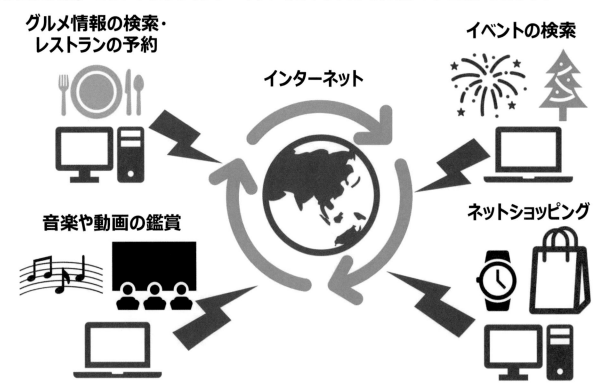

また、インターネットを介してコミュニケーションをとることができます。知人や友人と電子メールのやり取りをしたり、Facebook、Instagram などの **SNS（Social Networking Service）** に参加して写真や日記を公開したり、同じ趣味を持つ人達と交流したりできます。

72

2 インターネットに接続する準備

インターネットに接続するには、回線事業者が提供する、光ファイバーによる**光回線**、ケーブルテレビ会社による **CATV 回線**などの固定回線に、**インターネットサービスプロバイダー（プロバイダー）**と呼ばれるインターネット接続代行業者を通じて接続するのが一般的です。
インターネットに接続するには、おおよそ次のような流れになります。

（1）プロバイダーに申し込んでインターネットに接続するための契約を行います。
（2）必要に応じて回線の切り替え工事を行います。
（3）契約と工事が完了すると、**ルーター**などの通信機器が届きます。
（4）回線と通信機器と接続し、パソコンの設定を行います。
（5）すべての設定が完了すると、インターネットに接続できます。

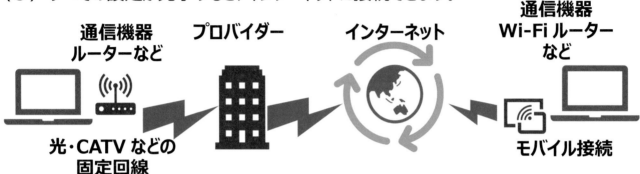

自宅でも外出先でもインターネットを利用したいときは、**モバイル接続**を使います。
モバイル接続を使うには、通信業者などと契約し、持ち運び可能な **Wi-Fi ルーター**などの通信機器を購入します。契約が完了し、パソコンの設定が終われば、すぐにインターネットに接続できます。
回線や業者の主な特徴は次のとおりです。自分にあった回線や業者を選ぶようにしましょう。

	固定回線		モバイル接続
回線の種類	光回線	CATV 回線	モバイル接続回線※
主な業者	プロバイダー、電話会社	ケーブルテレビ会社	通信業者、プロバイダー
通信速度	速い	速い	固定回線と比べると遅い
データ容量	利用制限なし	利用制限なし	利用制限あり
回線工事	あり	あり	なし（通信機器があればすぐ利用できる）
持ち運び	できない	できない	できる

※Wimax（ワイマックス）など

ワンポイント 有線 LAN（ラン）と無線 LAN

自宅でインターネットを使うとき、パソコンを書斎など決まった場所で使うか、家の中で持ち運んで使うかによって、配線の種類を検討します。配線には、パソコンと通信機器をケーブルで繋いで使う**有線 LAN**、パソコンと通信機器を繋がずに（無線）使う**無線 LAN** があります。
無線 LAN のことを **Wi-Fi（ワイファイ）**ということもあります。

レッスン 2　Microsoft Edge の基本操作

インターネットで**ホームページ（Web ページ）**を閲覧することで、情報の検索や収集を行います。そのときに使うアプリが**ブラウザ**（Browser）です。Browser は「拾い読みする人」という意味で、インターネットで情報を拾い読みするためブラウザといわれています。
Windows 10 には、**Microsoft Edge（マイクロソフトエッジ）**というブラウザが使用できるようになっています。このレッスンで、Microsoft Edge の基本操作をマスターしましょう。

1　Microsoft Edge について

Microsoft Edge の起動方法、画面構成について確認しましょう。

●Microsoft Edge の起動方法

Microsoft Edge を起動するには、次の方法があります。自分の使いやすい方法で起動できるようにしましょう。

デスクトップのショートカット
Microsoft Edge を
ダブルクリックします。

タスクバーのアイコン
[Microsoft Edge] を
クリックします。

スタートメニューのタイル
[Microsoft Edge] を
クリックします。

スタートメニューの
[Microsoft Edge] を
クリックします。

パソコンでは、いろいろな方法でアプリの起動ができます。
自分の使いやす方法を見つけましょう。

74

●Microsoft Edge の画面構成

Microsoft Edge の画面各部の名称と役割を確認しましょう。

表示された Web ページ

① 戻る	直前に見ていた Web ページに戻ります。
② 進む	直前に見ていた Web ページに進みます。
③ 更新	見ている Web ページの表示を更新します。
④ ホーム	新しいタブページまたは設定した Web ページに戻ります。
⑤ アドレスバー	キーワードや URL（Web ページの住所）を入力します。
⑥ このページをお気に入りに追加	見ている Web ページをお気に入りに追加します。
⑦ お気に入り	お気に入りに追加した Web ページの一覧を表示します。
⑧ コレクション	Web ページを収集できます。
⑨ 個人（プロファイル 1）	プロファイルを設定すると使う人によって Microsoft Edge の設定を切り替えることができます。
⑩ 設定など	表示倍率の変更や印刷などのメニューを表示します。

タブ：Web ページが表示されます。複数表示して切り替えて見ることができます。

新しいタブ：新しいタブを開きます。

2 キーワード検索

キーワードを入力して Web ページを検索してみましょう。キーワードを入力するために、日本語入力システムをオンにしておきましょう。

●キーワードの入力

キーワードに「富士山」と入力して検索しましょう。

① Microsoft Edge を起動します（起動方法は P74 を参照）。
② ［新しいタブ］ページが開きます。
③ ［検索語句を入力］ボックスをクリックし、日本語入力システムをオンにして「富士山」と入力します。
④ 検索候補の一覧が表示されます。「富士山」をクリックします。
⑤ 検索結果が表示されます。見たい Web ページをクリックします。ここでは「富士登山オフィシャルサイト」にマウスポインターを合わせ🖑の形になったらクリックします。

　※マウスポインターを合わせると🖑になる文字や画像には、Web ページへのリンクが設定されています。クリックすると Web ページにジャンプできます。

⑥ 「装備」にマウスポインターを合わせ🖑の形になったらクリックします。
⑦ 「装備」のページが表示されます。

リンクがあるところのマウスポインターの形は🖑ですね。
この形になっていることを確認してからクリックしましょう！

76

● ［戻る］ボタン、［進む］ボタン、［ホーム］ボタンの使い方

直前に見た Web ページを表示するには、［戻る］ボタン、［進む］ボタンを使います。また、Microsoft Edge の起動後に表示されるページに戻るには［ホーム］ボタンを使います。

① ［戻る］ボタンをクリックします。
② 一つ前に見た Web ページが表示されます。［進む］ボタンをクリックします。
③ 直前に見た Web ページが表示されます。［ホーム］ボタンをクリックします。
④ Microsoft Edge の起動時に表示される Web ページに戻ります。

ワンポイント　Web ページの拡大

検索した Web ページの文字サイズが小さくて見づらいときは、Web ページを拡大して表示することができます。

① ┄ ［設定など］ボタンをクリックしてメニューを表示します。
② ［ズーム］の［＋］ボタンをクリックして文字が見やすい大きさに拡大します。ここでは125％に設定しています。縮小する時は［－］ボタンをクリックします。

●複数のキーワードでの検索

"富士山" などの固有名詞をキーワードにして検索すると、検索結果が絞り込まれますが、一般的なキーワードの場合は、予想以上にたくさんの検索結果が表示されることがあります。
キーワードを複数指定して検索すると、検索結果を絞り込むことができます。
ここでは、「花畑　有名」と入力して検索しましょう。

① アドレスバー内をクリックしてカーソルを表示します。
　　※アドレスバーに直接キーワードを入力して検索することができます。
②「花畑　有名」と入力し、［Enter］キーを押します。
　　※ "花畑" と "有名" の間は、スペースキーを押して空白を入力します。キーワードとキーワードの間に空白を入力すると、複数のキーワードを指定することができます。
③ 検索結果から見たい Web ページをクリックします。ここでは「【全国】おすすめ花畑 35 選！…」をクリックします。
④ Web ページが表示されます。

3　アドレス（URL）を指定した検索

みなさんの家にそれぞれ住所があるように、Web ページにもそれぞれ住所があります。Web ページの住所は、**URL（Uniform Resource Locator）** という形式で記述します。URL のことを**アドレス（Address、住所）** ということもあります。
「首相官邸」を例に、住所と URL を考えてみましょう。どちらも固有のもので、重複することはありません。

首相官邸の住所は、**東京都千代田区永田町 2 丁目 3−1** です。
首相官邸の Web ページアドレスは、**https://www.kantei.go.jp** です。

この「https://」や「http：//」で始まるのが URL です。「https」は、「http」よりもデータのやり取りを暗号化してより安全に通信している URL です。
URL を入力するときは、「https://」や「http://」は省略することができます。

●URLの入力

URLを入力して、Webページを検索しましょう。URLには英数字しか使われていないので、日本語入力システムをオフにして入力しましょう。

① アドレスバーをクリックし、日本語入力システムがオフになっていることを確認します。
② 文字が青く反転している状態で、「pc-it.biz」と入力し、［Enter］キーを押します。

③ Webページが表示されます。

> URLでの検索を試してみましょう。
>
> 日経新聞社
> https://www.nikkei.com
> 東京タワー
> http://www.tokyotower.co.jp
> 東京駅
> http://www.tokyostationcity
> .com

🎎 ワンポイント　URLでよく使われる記号の入力

URLでよく使われる記号は、次のキーを押して入力します。

記号	読み方	入力方法
:	コロン	［*／：け］キーを押す。
~	チルダ	［Shift］キーを押しながら［~／^へ］キーを押す。
_	アンダーバー	［Shift］キーを押しながら［＼／ろ］キーを押す。
-	ハイフン	［=／-ほ］キーを押す。
/	スラッシュ	［?／/め］キーを押す。
.	ドット	［>／。る］キーを押す。

レッスン 3　Web ページの参照方法

一度検索した Web ページを履歴から参照したり、よく見るホームページをお気に入りに登録して後から参照したりすることができます。

1　履歴を使用した Web ページの参照

一度検索した Web ページを後から参照するには、履歴を使うと便利です。昨日見たページ、数時間前に見たページを履歴から参照してみましょう。

① |···|　［設定など］ボタンをクリックします。
② ［履歴］にマウスポインターを合わせ、［履歴の管理］をクリックします。

③ これまで見た Web ページの履歴が一覧に表示されます。履歴の中から見たいページをクリックします。

④ Web ページが表示されます。

![だるま] **ワンポイント** **Web ページの履歴の削除**

Web ページの履歴は、次の手順で削除することができます。

① │ … │ ［設定など］ボタンをクリックして［履歴］にマウスポインターを合わせて、［閲覧データをクリア］をクリックします。

② ［閲覧データをクリア］ウィンドウで削除する内容を指定し［今すぐクリア］をクリックします。

少し前に検索した Web ページを参照するときは、
［履歴］を使って参照すると早く探せるので便利
ですね。

2　お気に入りからの Web ページの参照

使う頻度が高い Web ページを、後から参照するときにキーワード検索で探したり、URL を入力したりするのは手間がかかります。**［お気に入り］** に登録すると、お気に入りの一覧からクリックするだけで、Web ページを簡単に参照することができます。

●お気に入りへの追加

キーワード「温泉　全国」で検索した Web ページをお気に入りに追加しましょう。

① アドレスバー内をクリックしてカーソルを表示し、「温泉　全国」と入力して［Enter］キーを押します。

② 検索結果の一覧から「全国のじゃらん net ユーザーが選んだ！人気温泉地ラン…」をクリックします。

③ Web ページが表示されます。
④ ［このページをお気に入りに追加］をクリックします。
⑤ "お気に入りが追加されました" と表示されたら［完了］をクリックします。

●お気に入りからの Web ページの参照

お気に入りに追加した Web ページを参照しましょう。

① ⌂ ［ホーム］ボタンをクリックして、新しいタブページを表示します。

② ☆≡ ［お気に入り］ボタンをクリックし、追加した「全国のじゃらん net ユーザーが
選んだ！人気温泉地ランキング 2020」をクリックします。

③ お気に入りに登録した Web ページが表示されます。

🔴 ワンポイント　起動時に表示される Web ページの指定

Microsoft Edge を起動したときに表示される Web ページを指定することができます。
次の手順で指定します。ここでは Yahoo を指定します。

① ⋯ ［設定など］ボタンをクリック
し、［設定］をクリックします。
② ［外観］をクリックし、［ホームボタ
ンを表示する］をオンにします。
③ ［URL を入力してください］ボック
ス に「 https://www.yahoo.
co.jp」と入力します。

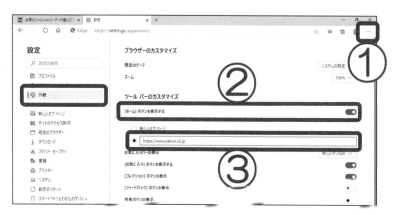

3 Webページの印刷

Webページの情報を手元で確認したいときなどは、Webページを印刷することができます。印刷するには、パソコンでプリンターの設定が完了している必要があります。

① 印刷したい Web ページを表示します。

② ┌──┐[設定など]ボタンをクリックし、[印刷]をクリックします。
　 │ ⋯ │

③ [印刷]画面が表示されます。印刷に必要な用紙の枚数が表示されます。

④ 接続されているプリンターを確認します。∨ をクリックするとプリンターを切り替えられます。

⑤ 印刷する部数を確認します。[＋]をクリックすると、部数を増やすことができます。

⑥ レイアウトの[縦]か[横]をクリックします。

⑦ 印刷するページを指定します。

⑧ 色の指定をします。
　 [色]はカラー、
　 [白黒]は白黒
　 で印刷されます。

⑨ 両面印刷を指定します。
　 [はい]は両面、
　 [いいえ]は片面で
　 印刷されます。

⑩ [印刷]をクリックします。
　 印刷を中断するときは
　 [キャンセル]をクリック
　 します。

⑪ プリンターから印刷されます。

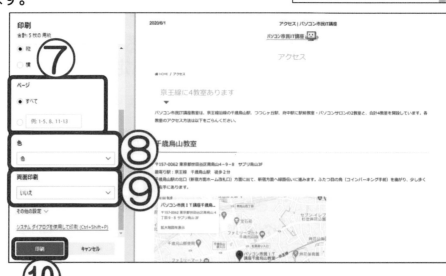

レッスン 4　タブを使った Web ページの参照

複数の Web ページを同時に開いて確認したいときは、**タブ**を使うと便利です。タブをクリックすると開いている Web ページが切り替わり、内容を比較して確認することができます。

1　タブでの Web ページの参照

タブを使うと内容に関係がある Web ページをタブとして複数開くことができます。複数のタブを開く方法を確認しましょう。

① ［検索語句を入力］ボックスに「観光協会　リンク集」と入力し、［Enter］キーを押します。

② 検索結果が表示されます。「全国自治体・観光協会等リンク集」をクリックします。
　　※リンク集は、関係がある Web ページへのリンクをまとめたページをいいます。

③ 観光庁の Web ページが表示されます。マウスのホイールを手前に回し、ページの最後にある各都道府県の市町村・観光協会等のリンクの一覧を表示します。

④ ［北海道］の文字の上で右クリックし、［リンクを新しいタブで開く］をクリックします。

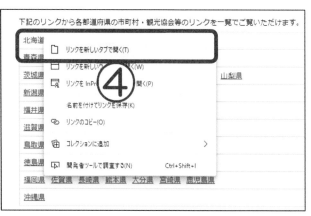

⑤ 「北海道関連リンク」のタブが表示されます。

⑥ 「北海道関連リンク」のタブをクリックして、「北海道関連リンク」の Web ページを表示します。

⑦ ［北海道観光公式サイト Good Day 北海道］の文字の上で右クリックし、［リンクを新しいタブで開く］をクリックします。

⑧ 「北海道観光公式サイト Good Day 北海道」のタブが表示されます。

⑨ 「北海道関連リンク」のタブの ［函館市公式観光情報サイト　はこぶら］の文字の上で右クリックし、［リンクを新しいタブで開く］をクリックします。

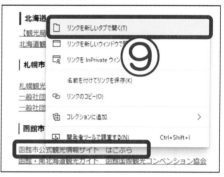

⑩ それぞれのタブをクリックして、Web ページの内容を確認します。

⑪ Web ページのタブの ［×］ボタンをクリックすると、開いているタブが閉じます。すべてのタブを閉じると Microsoft Edge が終了します。

![ワンポイント] **新しいタブページの表示**

複数のタブを同時に開いているとき、 ＋ ［新しいタブ］ボタンをクリックすると、Microsoft Edge の「新しいタブページ」が表示されます。

レッスン 5　コレクションを使った Web ページの収集

コレクションを使うと、閲覧している Web ページを収集して整理することができます。旅行の宿泊先や訪問先を比較・検討したり、買い物をするときの "ほしいものリスト" をまとめたりするときに役立ちます。コレクションは、目的に応じて複数作成することもできます。

1　コレクションの作成と Web ページの収集

コレクションを作成して、閲覧している Web ページを収集して整理しましょう。ここでは、「旅行」という名前のコレクションを作成し、旅行の訪問先などを収集しましょう。

① 🖽 ［コレクション］ボタンをクリックします。
② ［＋新しいコレクションを開始する］をクリックします。

③ 「旅行」と入力し、［Enter］キーを押して確定します。
④ ✦≣ ［お気に入り］ボタンをクリックし、「全国のじゃらん net ユーザーが選んだ！人気温泉地ランキング 2020」をクリックします。
⑤ ［＋現在のページを追加］をクリックします。

⑥ 表示した Web ページがコレクションに追加されます。
⑦ 履歴からひとつ Web ページを表示し、コレクションに追加します（履歴から Web を参照する方法は、P80 を参照）。
⑧ ［×］ボタンをクリックして、コレクションを閉じます。

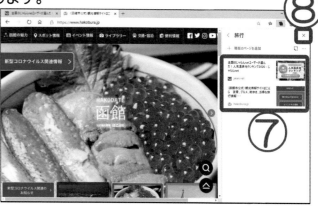

2 コレクションの利用

作成したコレクション「旅行」を利用してみましょう。

① ⊞ ［コレクション］ボタンをクリックします。
② 作成したコレクション「旅行」が表示されます。
③ 追加した Web ページをクリックします。
④ Web ページが表示されます。

ワンポイント　登録した Web ページの削除

コレクションに登録した Web ページを削除することができます。コレクションの内訳を表示し、削除したい Web ページをクリックして、 🗑 ［選択範囲の削除］ボタンをクリックします。

ワンポイント　コレクションの削除

コレクションそのものを削除することができます。

⊞ ［コレクション］ボタンをクリックしてコレクションを表示し、［戻る］をクリックしてコレクションを表示します。
削除したいコレクションを選択し、🗑 ［選択範囲の削除］ボタンをクリックします。

レッスン 6　インターネットの安全な利用

外出先などでパソコンを利用するときに、**InPrivate ウィンドウ**を使うと、インターネットの閲覧履歴や検索履歴などの個人情報が流出することを防ぐことができます。
また、Windows 10 に標準搭載されている **Windows セキュリティ**で定期的にウイルスチェックを実施し、**Windows Update** を使って Windows 10 を最新の状態に更新するなど、インターネットを安全に利用できるようにしましょう。

1　外出先や共用パソコンでのインターネットの閲覧

外出先や共用パソコンを利用するときに、インターネットの閲覧履歴や検索履歴などがパソコンに残って個人情報が漏れてしまうことがあります。**InPrivate ウィンドウ**を使うと、個人情報をパソコンに残さないようにしてインターネットを閲覧することができます。

① ┌─┐［設定など］ボタンをクリックします。
② ［新しい InPrivate ウィンドウ］をクリックします。

③ Microsoft Edge が InPrivate ブラウズモードに切り替わり、画面の右上に〔InPrivate〕が表示されます。この状態でいつも通りにインターネットの閲覧や検索が可能です。
　InPrivate ウィンドウを閉じるときに閲覧の履歴、サイトデータ、パスワード、アドレスなどが削除されます。
④ ［×］ボタンをクリックして Microsoft Edge を閉じます。

89

2　ウイルスチェックと Windows Update

インターネットには、コンピューターウイルスの感染や、Windows 10 の不具合により、悪意ある人物やプログラムによるシステムの不正な操作、データを不正に取得・変更が可能となるなどのリスクが潜んでいます。それらを未然に防ぐために、**Windows セキュリティ**で定期的なウイルスチェックを実施したり、**Windows Update** で Windows 10 を最新の状態に更新したりすることが重要です。

●**Windows セキュリティでのウイルスチェック**
Windows セキュリティでウイルスチェックを行う方法を覚えましょう。

① ［スタート］ボタンをクリックし、［設定］をクリックします。

② ［Windows の設定］ウィンドウの［更新とセキュリティ］をクリックします。

③ ［Windows セキュリティ］をクリックし、［ウイルスと脅威の防止］をクリックします。

④ ［ウイルスと脅威の防止］ウィンドウが表示されます。［クイックスキャン］をクリックします。

⑤ クイックスキャンの進行状況が表示されます。[キャンセル]をクリックするとウイルススキャンをキャンセルします。

⑥ ウイルススキャンの結果が表示されます。内容を確認し、[×]ボタンをクリックしてウィンドウを閉じます。

●Windows Update による Windows 10 の更新

Windows Update で Windows 10 を最新の状態に更新する手順を覚えましょう。

① [スタート]ボタンをクリックし、[設定]をクリックします。

② [Windows の設定]ウィンドウの[更新とセキュリティ]をクリックします。

③ [Windows Update]をクリックし、[更新プログラムのチェック]をクリックします。

④ 更新プログラムの確認中は、"更新プログラムを確認しています…"と表示されます。

⑤ 更新プログラムがあるときは、更新プログラムのダウンロードとインストールが実行されます。
パソコンの再起動を促されたときは[再起動]をクリックします。

⑥ 更新が完了すると、"最新の状態です"と表示されます。[×]ボタンをクリックしてウィンドウを閉じます。

 **ワンポイント** **更新履歴の確認**

Windows Update で更新された機能を後から確認することができます。
確認する手順は以下のとおりです。

① ［スタート］ボタンをクリックし、［設定］をクリックします。
② ［Windows の設定］ウィンドウの［更新とセキュリティ］をクリックします。
③ ［Windows Update］をクリックし、［更新の履歴を表示する］をクリックします。

④ ［更新の履歴を表示する］ウィンドウが表示されます。ここで、自分のパソコンに適用されている更新プログラムの情報が確認できます。

第5章

Windows 10 の
アプリを活用しよう

レッスン1　Microsoft アカウント

Windows 10 の機能を十二分に活用するには、**Microsoft アカウント**を登録します。Microsoft アカウントを登録すると、Microsoft 社がインターネット上で提供する、様々なサービスを利用できるようになります。

1　Microsoft アカウントの新規登録

Windows 10 に **Microsoft アカウント**でサインインすると、Microsoft 社がインターネットで提供するサービスを有効活用できるようになります。パソコンを購入して間もないときは Microsoft アカウントが設定されていないため、［Windows の設定］ウィンドウで Microsoft アカウントを新規に登録することができます。
Microsoft アカウントを取得している場合は、手順④で自分の Microsoft アカウントを入力すると、新しいパソコンでも利用できます。

① ［スタート］ボタンをクリックし、［設定］をクリックします。
② ［Windows の設定］ウィンドウが開きます。［アカウント］をクリックします。
③ ［ユーザーの情報］をクリックし、［Microsoft アカウントでのサインインに切り替える］をクリックします。

④ ［サインイン］の［作成］をクリックします。
⑤ ［アカウントの作成］の［新しいメールアドレスを取得］をクリックします。

94

⑥ ［新しいメール］ボックスに任意のメールアドレスを入力し、［次へ］をクリックします。
　※メールアドレスは英字から始まる必要があります。半角英数字、ピリオド（.）、
　　ハイフン（-）、アンダーバー（_）を利用できます。
　　また、「このメールアドレスは既に使われています。」と表示されたときは、別のメール
　　アドレスを入力します。
⑦ ［パスワードの作成］ボックスにパスワードを8文字以上で作成し、［次へ］をクリック
します。
　※パスワードは大文字、小文字、数字、記号のうち2種類以上を含めて作成します。
　　大文字は、キーボードの ［Shift］ キーを押しながら入力します。タッチ式キーボード
　　は［↑］キーを押しながら入力します。

⑧ ［お名前の入力］の［姓］と［名］に自分の苗字と名前を入力し、［次へ］を
クリックします。
⑨ ［生年月日の入力］の［国/地域］が日本になっていることを確認します。
⑩ ［生年月日］に自分の生年月日を設定し、［次へ］をクリックします。
　　［∨］をクリックするとリストが表示され、一覧から選択できます。

⑪ ［セキュリティ情報の追加］の［電話番号］に携帯電話の番号を入力し、［コードの送信］をクリックします。

⑫ 手順⑪で指定した携帯電話のショートメールメッセージ（SMS）に送られたアクセスコードを［アクセスコードを入力してください］ボックスに入力し、［次へ］をクリックします。

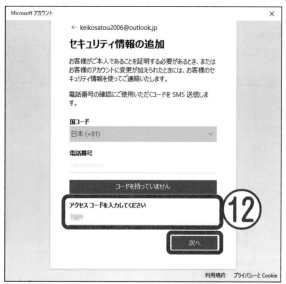

⑬ ［Microsoft アカウントを使用してこのコンピューターにサインインする］が表示されます。ここでは何も入力しないで［次へ］をクリックします。

⑭ ［PIN を作成します］の［次へ］をクリックします。

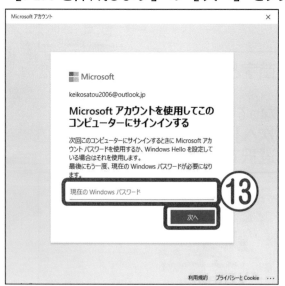

⑮ ［PIN のセットアップ］の［新しい PIN］ボックスに任意の４桁以上の数字を入力します。

⑯ ［PIN の確認］ボックスに、もう一度同じ数字を入力します。

⑰ ［OK］をクリックします。

⑱ ［ユーザーの情報］に登録したメールアドレスが表示されていることを確認します。

⑲ ［×］ボタンをクリックして、［設定］ウィンドウを閉じます。

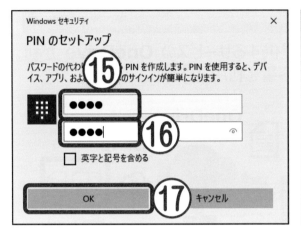

Microsoft アカウント	年　　　月　　　日取得 @outlook.jp
パスワード	

登録した Microsoft アカウントをメモしておきましょう。Microsoft アカウントの登録は、少し手間がかかりますが、一度設定すると Microsoft 社が提供するサービスを有効活用できるようになります。次のレッスンから代表的なサービスを紹介していきます。実際に使って試してみてください。

レッスン2　OneDrive の利用

Microsoft アカウントを登録すると、Microsoft 社が提供する **OneDrive（ワンドライブ）** が利用できるようになります。OneDrive は、クラウド上で利用できる外部記憶装置のようなものです。ファイルや写真を OneDrive に保存しておくと、パソコン・タブレット・スマートフォンなどの機器から、どこからでも同じデータを使用して作業できるようになります。

1　OneDrive について

Microsoft アカウントに登録すると、Microsoft 社が提供するサービスの **OneDrive** が利用できるようになります。無償で 5GB（ギガバイト）の容量を利用できます。

同じ Microsoft アカウントでサインインすると、別のパソコンやスマートフォン、タブレットからでも OneDrive を利用することができます。

パソコンで作成した文書を別のパソコンやタブレットから参照したり、スマートフォンで撮影した写真をタブレットやパソコンで閲覧したりできるようになります。

パソコンで作成した文書などを OneDrive に保存すると、クラウド上にある外部記憶装置に文書が保存されます。

OneDrive にデータが保存されるため、万が一パソコンの故障や紛失をしても、後からデータを取り出すことができます。

特に重要なデータは、OneDrive の **個人用 Vault（ヴォルト、貴重品保管室の意味）** フォルダーに保存すると、OneDrive 内の保護された場所でより安全にデータを保存できます。

🏮 ワンポイント　クラウドと OneDrive

クラウドは、インターネットなどのネットワーク経由でユーザー（利用者）にサービスを提供する形態のことをいいます。OneDrive もインターネット経由で提供されているサービスのひとつです。OneDrive はスマートフォンやタブレットでも利用できます。それぞれの機器に OneDrive のアプリをインストールして利用します。アプリを使って OneDrive に保存されている文書や写真を参照したり、OneDrive に保存したりできるようになります。

2　OneDrive へのファイルの保存

パソコンに保存されているファイルやフォルダーを OneDrive に保存することができます。
［ドキュメント］フォルダーのファイルを OneDrive に保存してみましょう。
OneDrive に保存するには、パソコンがインターネットに接続され、パソコンに Microsoft
アカウントでサインインしている必要があります。

① タスクバーの［エクスプローラー］をクリックします。

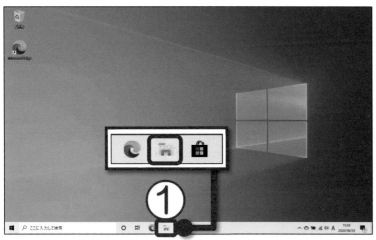

② エクスプローラーが開きます。ナビゲーションウィンドウの［ドキュメント］をクリックします。

③ OneDrive に保存したいファイルをナビゲーションウィンドウの［OneDrive］にドラッグします。［OneDrive］が展開し、"→ ドキュメントへ移動"と表示されたらマウスのボタンを離します。

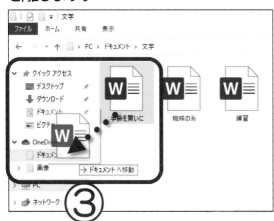

> OneDrive にファイルを保存するとパソコンから一度移動するんですね。
> OneDrive にもファイルが保存されるので、万が一何か起こっても安心ですね。

3 OneDrive に保存したファイルの確認

OneDrive に保存したファイルは、エクスプローラーで確認することができます。エクスプローラーから OneDrive を開いて、保存したファイルを確認してみましょう。

① エクスプローラーのナビゲーションウィンドウの ［OneDrive］をクリックし、［ドキュメント］
　をクリックします。
② 保存したファイルが表示されます。

OneDrive にファイルを保存すると、エクスプローラーに状態がアイコンで表示されます。意味は下の表のとおりです。

アイコン	意味
☁	ファイルやフォルダーがインターネットに接続した状態（オンライン）でのみ利用可能であることを表しています。
⊘	オンラインでのみ利用可能なファイルやフォルダーを開くと、パソコンにダウンロードされ、利用可能になります。インターネットが利用できない状態でも、パソコンからいつでも開けるようになります。
⊘	OneDrive に保存されたファイルやフォルダーを右クリックし、［常にこのデバイスに残す］を選択したときに表示されます。常にパソコンにファイルやフォルダーが保存されるため、ネットワークの状態を気にせずに利用することができます。

ワンポイント 個人用 Vault フォルダーについて

OneDrive の**個人用 Vault** フォルダーは、特に重要なデータを保存するためのフォルダーです。個人用 Vault フォルダーは次のような特長があります。

・Microsoft の 2 段階認証によって保護される。
・ファイルなど未使用の状態が 20 分続くと自動的にロックされる。
・ファイルが非公開に設定される。

Microsoft アカウントを設定するときに、パスワードでサインインし、携帯電話のショートメールメッセージに送信されたアクセスキーを入力しましたが、**2 段階認証**は、パスワードともうひとつ別の方法で本人確認を行う認証方法です。これにより悪意を持った第 3 者から重要なデータを保護することができます。

個人用 Vault フォルダーを使うためには、初期設定が必要です。
ここでは携帯電話のショートメールメッセージを使って本人確認を行う方法で説明します。

① エクスプローラーのナビゲーションウィンドウの［OneDrive］をクリックし、［個人用 Vault］
  をダブルクリックします。
② ［Personal Vault］ウィンドウが表示されたら内容を確認し、［次へ］をクリックします。
③ ［Personal Vault の準備がもう少しで完了します］と表示されたら内容を確認し、
  ［許可］をクリックします。

④ ［ユーザーアカウント制御］ウィンドウで "このアプリがデバイスに変更を加えることを許可
  しますか？" と表示されたら、［はい］をクリックします。
⑤ ［OneDrive を始める準備をしています...］のメッセージが表示されたらそのまま待ちます。
⑥ ［ご本人確認のお願い］の［XXXXX に SMS を送信］をクリックします。
⑦ ［電話番号を確認する］の［確認コードを XXXXX に送信します。...］に自分の電話
  番号の下４桁を入力し、［コードの送信］をクリックします。

  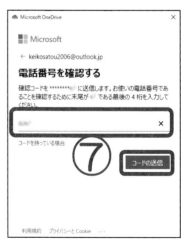

⑧ ［コードの入力］の［XXXXX がお使いのアカウントの電話番号の最後の４桁と...］に携帯電話のショートメールメッセージに送信されたコードを入力し、［確認］をクリックします。

⑨ ［Personal Vault のロックの解除中］と表示されたらそのまま待ちます。

⑩ ［Personal Vault の設定が完了しました］と通知が表示され、しばらくすると消えます。

⑪ すべての設定が完了すると、個人用 Vault フォルダーが開きます。他の OneDrive のフォルダーと同じように、ファイルやフォルダーが保存できます。

個人用 Vault フォルダーは、個人情報や写真などの重要なデータを保存するのに適しています。
個人用 Vault フォルダーを開くときは、２段階認証での本人確認が必須となるので、何を保存するのかを考えて使う必要がありますね。

レッスン3　カレンダーを使ったスケジュール管理

カレンダーを使うと、カレンダーを表示するだけでなくパソコンでスケジュール管理ができます。パソコンに Microsoft アカウントでサインインしてから使うと、パソコンで登録したスケジュールをブラウザーからも確認できるようになります。外出していて、ちょっとスケジュールを確認したいときに利用すると便利です。

1　カレンダーの起動

カレンダーを［スタート］メニューから起動してみましょう。

① 　［スタート］ボタンをクリックし、マウスのホイールを手前に回転させてスクロールします。［カレンダー］が表示されたらクリックします。
② 　［カレンダー］が起動します。

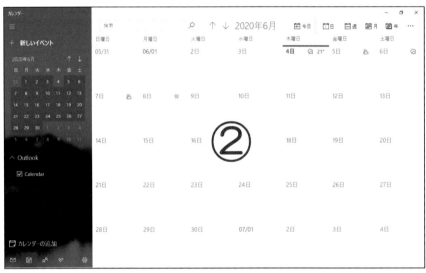

　［検索］ボックスに「カレンダー」とキーワードを入力し、検索結果をクリックしてカレンダーを起動することもできます。

2　カレンダーの画面構成

カレンダーの画面でできることを確認しましょう。

↑をクリックすると前月、↓をクリックすると次月のカレンダーに切り替えられます。

予定を検索できます。

クリックすると今日の日付に戻れます。

印刷、カレンダーの同期ができます。

カレンダーの表示期間を切り替えられます。

今日の日付に色がつきます。

クリックするとその日付があるカレンダーにジャンプします。

休日などをカレンダーに追加できます。

メールに切り替えます。

設定メニューを表示します。

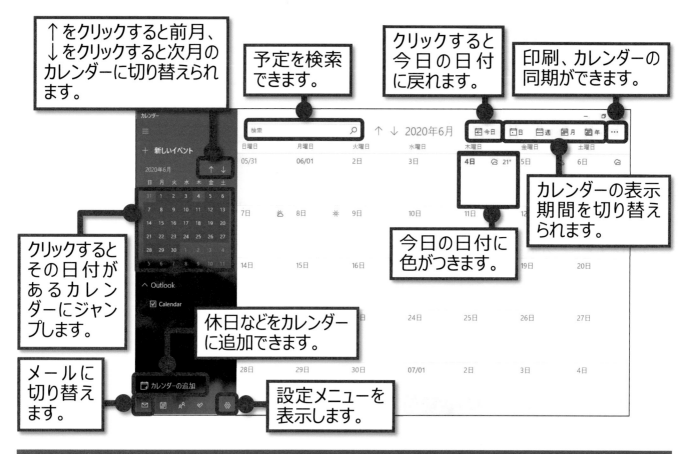

3　予定の登録・変更・削除

カレンダーに予定を登録してみましょう。予定が近くなるとアクションセンターに通知されます。また、登録した予定の変更や削除も簡単にできます。

●予定の登録
予定を登録してみましょう。

① 小さいカレンダーの ［↑］ または ［↓］ をクリックして予定を登録したい日の月のカレンダーを表示します。
② 予定を登録する日をクリックします。

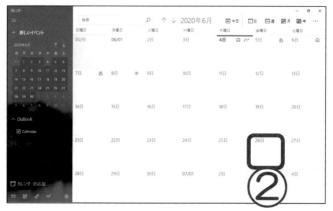

③ ［イベント名］ボックスに予定の件名を入力します（例では「町内会打ち合わせ」）。
④ ［終日］チェックボックスをオフにします。時間が指定できるようになります。
⑤ 予定の開始時間と終了時間を入力します（例では 14:00 と 15:00）。
⑥ ［詳細情報］をクリックして、［詳細］ウィンドウを開きます。
⑦ メモなどの入力が終わったら［保存］ボタンをクリックします。

⑧ カレンダーに予定が登録されます。
⑨ 予定の日時が近くなると、通知センターに表示されます。初期設定では 15 分前になるとアラームが通知されます。

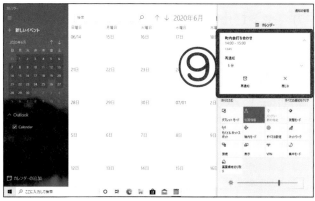

ワンポイント　イベントの追加

誕生日など時間が決まっていない終日単位の予定のときは、イベントとして登録します。
　［終日］チェックボックスがオンのまま、イベント名だけを入力し、［保存］ボタンをクリックして登録します。

105

●予定の変更

予定の時間が変更になったときなど、登録した予定の変更も簡単にできます。

① 登録した予定にマウスポインターを合わせます。
② 予定が吹き出しで表示されます。［イベントの表示］をクリックします。
③ 登録した予定の詳細画面が表示されます。変更したい箇所を修正します（例では
　 13:30 と 14:30）。
④ ［保存］ボタンをクリックします。

●予定の削除

予定がキャンセルになったときなど、登録した予定の削除も簡単にできます。

① 登録した予定にマウスポインターを合わせます。
② 吹き出しの［イベントの表示］をクリックします。
③ ［削除］ボタンをクリックし、［イベントの削除］をクリックします。

🎎 ワンポイント　Web 版の予定表との連携

Microsoft アカウントでパソコンにサインインして、カレンダーに予定を登録すると Web 版の
予定表にも予定が登録されます。
Outlook で検索して、検索結果の
Outlook.com から
Microsoft アカウント
で Outlook にサインイ
ンします。
アプリを予定表に切り
替えると Web 版の予
定表が確認できます。

レッスン4　フォトを使った写真の整理・鑑賞・加工

フォトには、SD カードの写真を取り込んだり、写真を整理したりする機能があります。また、フォトの編集画面を使うと、取り込んだ写真を加工することができます。

1　SD カードからフォトへのインポート

デジタルカメラの SD カードをパソコンに差し込んで、写真をフォトに取り込みます。

① パソコンの SD カードスロット（差込口）に SD カードを差し込みます。
　図は本体の前方下側に差込口がある例です。本体の左右側面にも差込口があります。
　差込口がない場合は、カードリーダーを使って SD カードを差し込みます。

② SD カードを差し込むと通知メッセージが表示され、しばらくすると消えます。
③ ［スタート］ボタンをクリックし、
　［フォト］をクリックします。

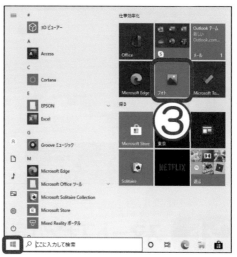

④ フォトが起動します。
　［インポート］ボタンを
　クリックします。
⑤ ［USB デバイスから］を
　クリックします。

⑥ ［項目のインポート］ウィンドウが表示されます。一部の写真を取り込みたい場合は写真の右上の□をクリックしてチェックを付けます。ここではすべての写真を取り込みます。［Select］の一覧の［すべての項目］をクリックするとすべての写真が選択されます。

⑦ ［XXX アイテムのうち、XXX 個をインポート］をクリックします。

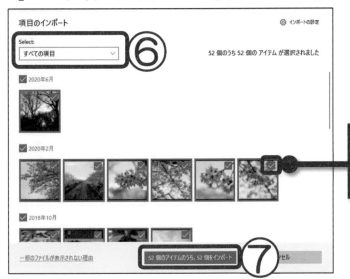

一部の写真を取り込みたいときは、個別にクリックしてチェックを付けます。

⑧ インポートが終わると「XXX 個のアイテムがコレクションに追加されました。」と表示されます。

ワンポイント　スマートフォンの写真の取り込み

フォトには iPhone や Android などのスマートフォンから写真を取り込むことができます。
パソコンにスマートフォンを接続し、前述の手順⑤を操作すると、右の［インポート元のデバイスを選んでください］ウィンドウが表示されます。写真を取り込むスマートフォンをクリックします。

ワンポイント　［ピクチャ］フォルダー

フォトへ写真をインポートすると、［ピクチャ］フォルダーにもコピーされます。
　［ピクチャ］フォルダーには、写真を撮影した月のフォルダーが自動的に作成されます。

2 フォトの画面構成

写真を取り込むと**コレクション**が表示されます。一覧に表示される写真のサイズを切り替えられるので、一度に多くの写真を見たいか、大きい写真で見たいかによって使い分けましょう。

撮影日ごとにまとまって表示されます。

一覧の写真のサイズを変えられます。［大サイズで表示］、［中サイズで表示］、［小サイズで表示］から選択します。

見たい写真をクリックすると、1枚の写真が大きく表示されます。

①	クリックするとコレクションに戻ります。	⑥	写真の編集メニューを表示します。
②	［＋］をクリックするとスライダーが表示され、写真を拡大できます。	⑦	写真を共有するためのメニューを表示します。
③	写真を削除します。	⑧	写真の印刷画面を表示します。
④	写真を回転します。	⑨	スライドショーや、写真の撮影状況を確認するメニューを表示します。
⑤	写真をトリミング（切り抜き）します。	⑩	マウスポインターを［フォト］ウィンドウの右端に合わせると［次へ］、［フォト］ウィンドウの左端に合わせると［前へ］が表示され、前や次の写真を表示します。

3 取り込んだ写真の整理

写真を取り込むと、初期値では撮影日ごとにまとめられたコレクションが作成されます。
アルバムを利用するとイベントごとに撮影した写真をまとめたり、特定の人物が写っている写真を人物ごとにまとめて整理することができます。

●アルバムの作成

新しいアルバムを作成し、1つのイベントの写真としてまとめましょう。

① ［アルバム］をクリックします。
② 新しいアルバムの［＋］をクリックします。
③ ［新しいアルバムの作成］ウィンドウで、アルバムに追加したい写真を選択します。
④ ［作成］をクリックします。

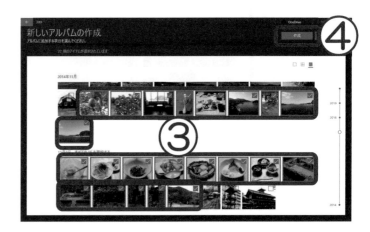

⑤ 新しいアルバムが作成されます。
⑥ 　✎　をクリックして、アルバム名を入力します。

●アルバムの編集

作成したアルバムを編集し、写真の追加や削除、写真の表示順の入れ替え、テーマの設定などができます。

① ［編集］をクリックします。

② アルバムの編集画面が表示されます。[プロジェクトライブラリ]の[＋追加]をクリックして写真を追加する場所を指定します（例はコレクションからを選択）。
③ [ビデオに追加する項目を選んでください]ウィンドウで、ビデオに追加したい写真を選択します。
④ [追加]をクリックします。

⑤ [ストーリーボード]の写真はドラッグして順番を入れ替えられます。
⑥ ビデオから削除したい写真があるときは、写真の右上の□をクリックして選択し、[🗑][削除]ボタンをクリックします。削除しても、ストーリーボードから削除されるだけで、写真が削除されるわけではありません。

⑦ [⋯][もっと見る]をクリックします。
⑧ [テーマ]をクリックします。
⑨ 好みのテーマをクリックします。
⑩ [完了]をクリックして、テーマを設定します。
⑪ [←]をクリックして、アルバムの画面に戻ります。

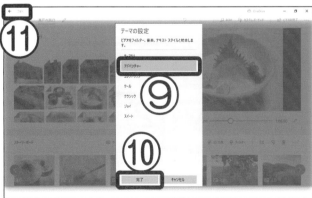

⑫ [←]をクリックして、フォトの画面に戻ります。

●人物

人物ごとに写真が分類されます。人別に写真を探したりするときに便利です。［人物］は、初期設定で無効になっています。使用するには［承諾］をクリックする必要があります。ここでは［承諾］をクリックした前提で説明します。

① ［人物］をクリックします。
② 写真にタグづけされた人物の写真が表示されます。

●フォルダー

写真がフォルダーごとに分類されます。任意のフォルダーを作って分類することもできます。

① ［フォルダー］をクリックします。
② 写真が［OneDrive］、［最新のインポート］などのフォルダーごとに分類されます。

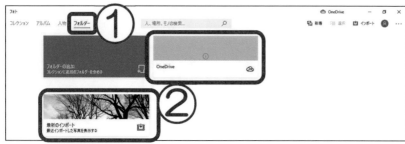

112

4 写真の編集

撮影した写真が傾いていたり、余計なものが写っていたりするときには、フォトで編集することができます。また、写真の色味などの補正をすることもできます。
編集画面を表示して写真を編集してみましょう。

① ［コレクション］をクリックし、編集したい写真をクリックして大きく表示します。
② ［フォト］ウィンドウの［編集と作成］をクリックし、［編集］をクリックします。

▼フォトの編集画面

❶ トリミングと回転	写真の切り抜き（トリミング）、傾きの調整、回転などができます。
❷ フィルター	写真の補正や、フィルターを適用した写真の色味などの変更ができます。
❸ 調整	明るさ（ライト）、色、明瞭度、周辺の明暗（ふちどり）、赤目の補正、スポット修正ができます。

●トリミングと回転

写っているものが多いときなどに写真をトリミングすると、主題を明確にすることができます。
縦横比から任意の比率を選択して、写る範囲を変更することもできます。また、傾きの調整を使って少し傾いている写真を補正することができます。

作業が完了したら、［コピーを保存］をクリックすると、オリジナルの写真とは別に保存できます。［コピーを保存］の∨をクリックし、［保存］をクリックすると、補正した結果がオリジナルの写真に反映されます。

① ［トリミングと回転］をクリックします。写真にトリミングの枠が表示されます。
② 四隅の○をドラッグすると縦横を同時にトリミングできます。上下の枠をドラッグすると縦、左右の枠をドラッグすると横だけトリミングできます。

③ ［傾きの調整］のスライダーをドラッグすると、写真の傾きを調整できます。

直前の操作を元に戻したいときは［リセット］、初めから操作をやり直したいときは［すべて元に戻す］をクリックします。

④ ［縦横比］の比率の一覧から任意の比率をクリックします。
⑤ 補正が終わったら［コピーを保存］をクリックします。オリジナルの写真と別に保存されます。

●補正

［フィルター］の［写真の補正］をクリックすると、写真を自動補正できます。

●フィルター

［フィルター］をクリックすると、写真の色味や明るさなどをまとめて変更することができます。写真の雰囲気を変えたり、カラーの写真を白黒にしたりすることができます。［フィルター強度］のスライダーでフィルターの強さを調整できます。

●調整：ライト

［調整］をクリックして［ライト］のスライダーを左右に動かすと、写真全体の明暗を調整できます。
白とび写真などを暗くしたい場合は左に、黒っぽい写真を明るくしたい場合は右にドラッグします。

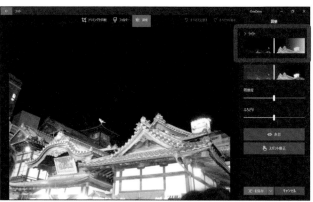

［＞ライト］をクリックして［Ｖライト］にするとさらに細かく調整ができます。［コントラスト］、［露出］、［ハイライト］、［影］のメニューが表示されるので、スライダーを左右にドラッグして調整します。例ではコントラストと影をプラスに、露出とハイライトをマイナスに補正しています。

●調整：色

[色]のスライダーを左右にドラッグすると、写真全体の色味を調整できます。

[＞色]をクリックして［∨色］にするとさらに細かく調整ができます。［濃淡］、［暖かさ］のメニューが表示されます。［濃淡］では色の濃淡を調整できます。蛍光灯の緑色の光が気になるときは［暖かさ］のスライダーを右に、白熱灯のオレンジ色の光が気になるときは［暖かさ］のスライダーを左にドラッグして調整します。

●調整：明瞭度

[明瞭度]のスライダーを左右にドラッグして使います。左にドラッグすると写真の影が薄くなって柔らかい印象に、右にドラッグすると写真の影が濃くなってシャープな印象の写真に調整することができます。例は明瞭度を下げて少し柔らかい印象の写真にしています。

●調整：ふちどり

[ふちどり]のスライダーを左右にドラッグして使います。左にドラッグすると写真の周囲が白くぼやけて、右にドラッグすると写真の周囲が黒く覆われたような印象になります。
例は周辺を黒く覆ったような写真に加工しています。

●調整：スポット修正

［スポット修正］を使うと写真のゴミのような気になる部分を除去できます。［スポット修正］をクリックすると、マウスポインターが●に変わります。写真の気になる部分を何度かクリックすると、写真から除去できます。例では、スクランブルエッグの破片を除去しています。修正が終わったらもう一度［スポット修正］をクリックします。

黄色の破片が目につくので消します。

レッスン5　その他の Windows 10 標準アプリ

Windows 10 には、電卓、拡大鏡、付箋など、使うと便利なアプリが標準で搭載されています。その他のアプリの使い方を確認しましょう。

1　電卓

［スタート］ボタンをクリックし、［電卓］をクリックすると起動できます。
通常の電卓と同じように使うことができます。

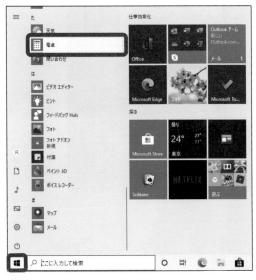

2　拡大鏡

　［スタート］ボタンをクリックし、［Windows 簡単操作］の［拡大鏡］をクリックすると起動できます。初期設定では画面を 200%に拡大して見ることができます。
拡大鏡を使うと、パソコンの画面を虫眼鏡で見たときのように拡大することができます。
マウスポインターのある場所が拡大されるので、他の場所を見たいときはマウスを動かして確認します。確認が終わったら［×］ボタンをクリックして拡大鏡を閉じます。

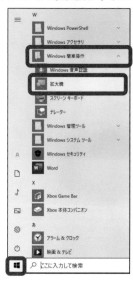
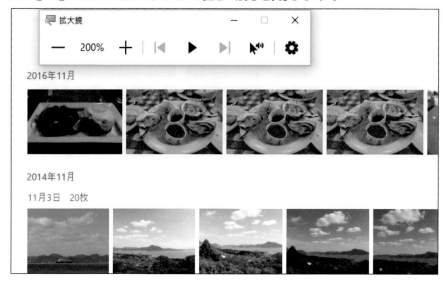

3　付箋

　［スタート］ボタンをクリックし、［付箋］をクリックすると起動できます。付箋を使うとパソコンのデスクトップに簡単なメモを残すことができます。
付箋を開いたままにしておくと、パソコンを使うときに付箋にメモした内容を確認できます。

第6章

電子メールを
利用しよう

レッスン 1　メールを使うための準備

メールを使うと、インターネットを利用して相手とやり取りができます。電話と違ってお互いの都合の良いときにメールを書いたり読んだりすることができます。メールをやり取りするには、**メールアドレス**が必要です。パソコンでメールを使うには、メールアプリにメールアドレスを設定する必要があります。

1　メールの基礎知識

メールをやり取りするためには、メールアプリにメールアドレスが設定されている必要があります。
P94 で登録した Microsoft アカウントは、メールアドレスとして使うことができます。
パソコンに Microsoft アカウントでサインインしていれば、Windows 10 のメールアプリを使ってすぐにメールのやり取りができる状態になっています。
メールを設定するためには、メールアドレスとパスワードの両方が必要です。メールアドレスとパスワードをまとめて**アカウント（口座の意味）**と呼びます。メールを利用するために必要な本人情報がセットになったものがアカウントです。
メールアドレスは、個人ごとに持っている銀行口座に相当するもの、**パスワード**は銀行口座を利用するための暗証番号に相当する、本人確認の方法と考えるとわかりやすいでしょう。

▼メールのアカウント	▼銀行口座（アカウント）
メールアドレス **username@outlook.jp** パスワード **1A2B3C-4D5E**	銀行口座 **●●銀行　銀座支店　普通 1234567** 暗証番号 **●●●●（4桁の数字）**

2　メールアプリの起動

メールアプリは次の起動方法があります。自分の使いやすい方法で起動できるようにしましょう。

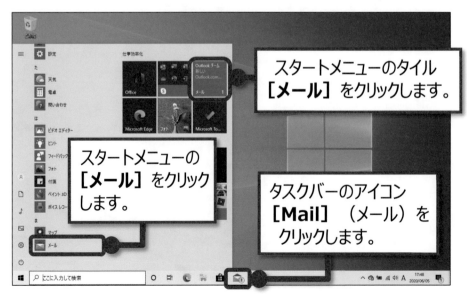

スタートメニューのタイル
[メール] をクリックします。

スタートメニューの
[メール] をクリックします。

タスクバーのアイコン
[Mail]（メール）を
クリックします。

3 メールアプリの画面構成

メールアプリの主な画面各部の名称と役割を確認しましょう。

①	［+メールの新規作成］	メールを新規作成するときに使います。
②	［検索］ボックス	キーワードを入力してメールを検索します。
③	［返信］	メールを返信するときに使います。
④	［転送］	メールを転送するときに使います。
⑤	［削除］	不要なメールを削除するときに使います。
⑥	メールの一覧	メールの送信者や件名、日時などが表示されます。
⑦	メールの本文	選択したメールの本文が表示されます。
⑧	［その他］	クリックすると、受信または送信されたメールを管理するためのフォルダーが一覧表示されます。 ・送信トレイ　送信するメールが一時的に保存されます。 ・受信トレイ　受信したメールが保存されます。 ・アーカイブ　読み返す可能性のあるメールを保存します。 ・下書き　　　書きかけのメールが一時的に保存されます。 ・会話の履歴　Skype（Webを利用して無料で電話やチャットができるサービス）にサインインすると作成されます。 ・ごみ箱　　　削除したメールは一度ごみ箱に入ります。 ・送信済み　　送信したメールが保存されます。 ・迷惑メール　迷惑メールと判断されたメールが入ります。

121

4 その他のアカウントの設定

Microsoft アカウントの他に利用しているメールアカウントがあるときは、それらを設定することができます。ここでは Gmail（ジーメール）の設定方法を説明します。
Gmail は Google 社が無償提供するメールアカウントです。別途 Google 社の Web ページでメールアドレスを取得する必要があります。Gmail アカウントの取得方法は P160 を参照してください。

① メールウィンドウの ⚙ ［設定］をクリックします。
② ［アカウントの管理］をクリックします。
③ ［アカウントの追加］をクリックします。

④ ［Google］をクリックします。
⑤ ［ログイン］の ［メールアドレスまたは電話番号］ボックスに Gmail アドレスを入力し、［次へ］をクリックします。
⑥ ［パスワードを入力］ボックスに Gmail のパスワードを入力し、［次へ］をクリックします。

⑦ ［Windows が Google アカウントへのアクセスをリクエストしています］の画面の内容を確認し、［許可］をクリックします。

⑧ 「すべて完了しました。」と表示されたら、［完了］をクリックします。

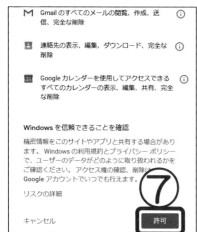 

⑨ ［アカウント］に新しく追加したアカウント（ここでは Gmail）が表示されます。

メールアプリに設定可能なアカウントは次のとおりです。

Outlook.com	Microsoft アカウントの登録時に設定したメールアカウントです。@outlook.jp の他に、@hotmail.com、@outlook.com があります。
Office365	Office365 で利用するメールアカウントを設定します。法人用途です。
Google	Google 社が無償提供するメールアカウントを設定します。@gmail.com のアドレスです。
iCloud	Apple 社が無償提供するメールアカウントを設定します。iPhone や iPad で使われます。@icloud.com、@me.com のアドレスです。
その他のアカウント	インターネットサービスプロバイダー（ISP）など、上記以外のメールアカウントを設定します。POP、IMAP の規格に対応しています。
詳細設定	［その他のアカウント］で設定できないときに、詳細設定でメールアカウントの設定を行います。

レッスン 2　メールの送受信

メールアプリを使ってメールの送受信をしてみましょう。
まず、メールを作成して**宛先**、**件名**、**本文**を入力します。内容に間違いがないことを確認してメールを**送信**します。メールが届いている場合は、メールを**受信**して内容を確認します。

1　メールの作成と送信

メールの画面を開いて、メールを作成してみましょう。
「メール作成のポイント」を踏まえてメールを作成すると、相手にわかりやすいメールになります。

●メール作成のポイント

メールを作成するときは、宛先、件名、本文を入力します。

宛先：相手のメールアドレスを指定します。日本語入力システムをオフにして入力します。
　　　　メールアドレスを間違えると、相手にメールが届きません。入力後に必ず確認しましょう。

件名：メールの用件がひとめでわかるような内容を入力しましょう。

本文：始めに簡単なあいさつをし、自分の名前を名乗りましょう。
　　　　1 行の文字数は、40 文字くらいで改行すると読みやすくなります。
　　　　最後に自分の名前とメールアドレスなどを入力します。
　　　　※**署名**（P132 参照）の機能を使うと、メールを作成するときに自動的に自分の
　　　　　名前とメールアドレスなどを入れることができます。

ワンポイント　メールアドレスについて

メールアドレスは、以下のように構造が決まっています。

username @ domainname.ne.jp
　　　　①　　　　②　　　③

①ユーザー名

メールの使用者を判別するための名前です。任意のユーザー名を他のユーザーと重複しないように設定することができます。

② 区切り記号（アットマーク）

ユーザー名とドメイン名を区切る記号で、"アットマーク"と読みます。英語の前置詞「at」（〜に属して）と同様の意味で使われています。

③ ドメイン名

メールサーバーを判別するための名前です。ピリオド（.）で区切られた部分はメールサーバーが所属している組織などによって異なります。

●メールの作成と送信

ここでは町内会宛のメールを作成し、送信してみましょう。

① メールウィンドウの［＋メールの新規作成］をクリックします。
② メールの作成画面が開きます。

③ 日本語入力システムがオフになっていることを確認し、［宛先］ボックスに相手のメールアドレスを正確に入力します。入力後に必ず見直すようにしましょう。
　　※"このアドレスを使用します" と表示されたらクリックします。

　　@（アットマーク）は ⌨@ キー、．（ピリオド）は ⌨る キーを押して入力します。

④ ［件名］ボックスをクリックし、日本語入力システムをオンにして「町内会打ち合わせの件」と入力します。

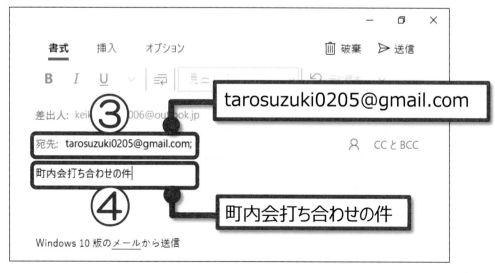

⑤ 件名の下をクリックして、カーソルが表示されてから本文を入力します。
　　※（改行）がある部分は［Enter］キーを押して改行します。
　　　コロン（:）は ⌘:け キーを押して入力します。〜は「から」と入力して変換します。
⑥ メールを送信する前に、宛先、件名、本文を確認します。
⑦ メールウィンドウの右上の［送信］ボタンをクリックします。
⑧ メールが送信されます。

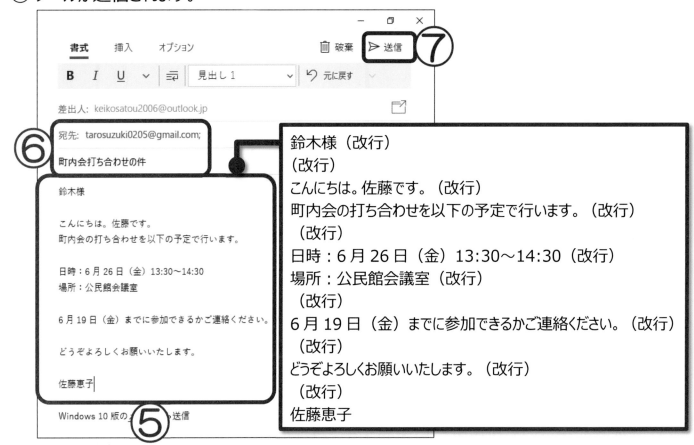

 **ワンポイント**　**メールの本文に使わない方がよい文字**

メールの本文では、使わない方がよい文字がいくつかあります。代表的な文字は次のとおりです。

特殊記号　　：①、②、③…などの丸付き数字や、㈱や㈲などの特殊記号は、相手のパソ
　　　　　　　　コンやスマートフォンによっては、別の文字として表示される**文字化け**が起こ
　　　　　　　　ることがあります。

半角カタカナ：半角のカタカナも文字化けが起こることがあります。

必要がなければ、記号や半角カタカナは使うのを避けましょう。

［送信］ボタンをクリックすると、すぐに相手にメールが送信されます。
最後に、宛先が間違っていないか、誤字脱字がないかをよく確認して
から送信するようにしましょう。

 **ワンポイント** **送信したメールの保存先**

送信したメールは［送信済み］フォルダーに控えが残ります。相手に送ったメールを確認したいときなどは、［送信済み］フォルダーのメールをクリックします。［送信済み］フォルダーが表示されないときは、［その他］をクリックして［送信済み］をクリックします。

2 メールの受信

相手から送られてきたメールは、受信トレイに届きます。メールを確認してみましょう。

① メールウィンドウの［受信トレイ］をクリックして、メールを確認します。新しいメールが届いているときは、受信トレイに数字が表示されます。
② メールの件名をクリックすると、メールの内容を確認できます。新しいメールの件名は太字で表示されます。

レッスン 3　メールの返信・転送・削除

相手から届いたメールに返事を出すときは、**返信**機能を使います。メールアドレスや件名は自動的に指定されるため、本文を書くだけでメールの返信ができます。

1　メールの返信

届いたメールに返信してみましょう。

① 返事を出したいメールをクリックします。
② メールウィンドウの［返信］ボタンをクリックします。

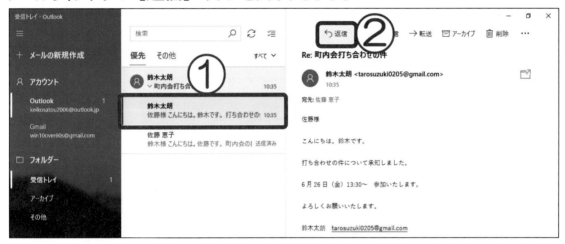

③ 宛先が自動的に指定されていることを確認します。
④ 件名の先頭に「RE:」が追加されて表示されます。話題を変えるときは、件名を変更することもできます。

RE：町内会打ち合わせの件

⑤ 件名の下をクリックしてカーソルが表示されてから本文を入力します。
⑥ メールウィンドウの［送信］ボタンをクリックします。

🎎 ワンポイント　メールの下書き

送信する前のメールは、自動的に［下書き］フォルダーに保存されます。メールを送信すると、［送信済み］フォルダーに移動しますが、書きかけのメールは［下書き］フォルダーに残ります。

途中まで書いたメールが見
当たらない場合は［下書
き］フォルダーを確認してみ
ましょう。

［下書き］フォルダーが表
示されないときは、［その
他］をクリックして、［下書
き］をクリックします。

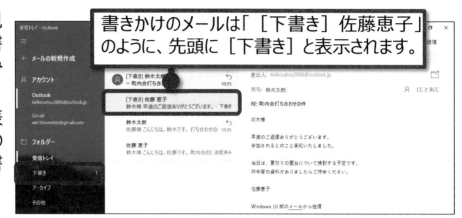

> 書きかけのメールは「［下書き］佐藤恵子」
> のように、先頭に［下書き］と表示されます。

🎎 ワンポイント　メールの書式設定

メールの本文で、強調したい部分があるときは、書式設定をすると目立たせることができます。
例えば、強調したい部分を太字にして文字の色を変えるときは、次のように操作します。

① 強調したい部分をドラッグして選択します。
　※タッチ操作の場合は、ダブルタップして○を表示し、○をドラッグして選択します。
② B 　［太字］ボタンをクリックします。
③ ∨ 　［フォントの書式設定］ボタンをクリックします。
④ A 　［フォントの色］ボタンの∨をクリックします。
⑤ 強調したい色（ここでは赤色）をクリックします。
⑥ 文字が太字、赤になります。

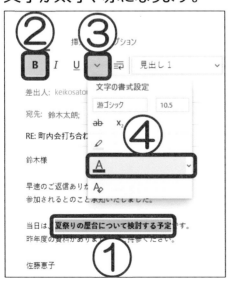

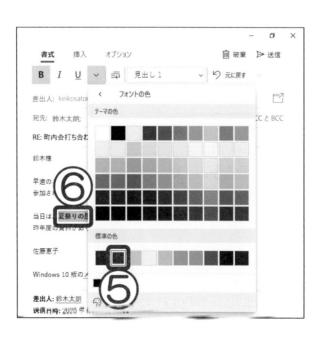

2　メールの転送

受信したメールを、メールが届いていない人に知らせる必要があるときは、**転送**機能を使います。
メールの内容を引用することができます。また、本文に文章を付け加えて送ることができます。

① ［受信トレイ］または［送信済み］をクリックし、転送したいメールをクリックします。
　　※自分が送信したメールを転送したいときは［送信済み］からメールを探します。
② メールウィンドウの［転送］ボタンをクリックします。
③ 元のメールの文面が引用された作成画面が表示されます。先頭に「FW：」が追加され
　　た件名が表示されていることを確認します。

④ ［宛先］ボックスにメールを転送したい人のメールアドレスを入力します。
⑤ 必要に応じて本文を入力します。
⑥ ［送信］ボタンをクリックします。

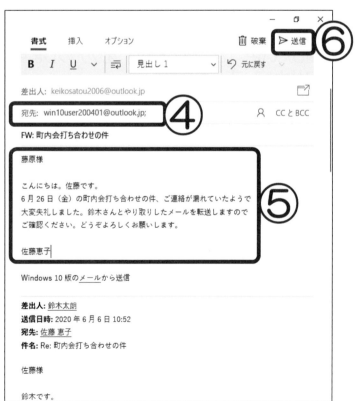

メールの送信、受信、返信、転送が、
メールの基本的な使い方です。
いろいろ試して慣れるようにしましょう。

130

ワンポイント CCとBCCについて

メールには［宛先］の他に［CC］、［BCC］というメールの送信先の指定方法があります。
それぞれ、複数のメールアドレスを指定することができます。
宛先、CC、BCCは以下のように使い分けます。

宛先：メールを送信する相手のメールアドレスを指定します。**あなたにメールを送っていますと
いう意味**で指定します。

CC：参考に見て欲しい相手のメールアドレスを指定します。**参考にして欲しいときや情報
共有をして欲しい**ときに指定します。

BCC：他の受信者にメールアドレスを見せたくないときにメールアドレスを指定します。**不特定
多数の相手に一斉送信する**ときなどに使われます。

［宛先］ボックスの［CCとBCC］をクリックすると、CCとBCCのボックスが表示されます。

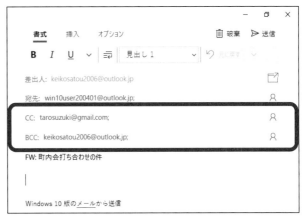

3　メールの削除

メールの件数が増えてくると、必要なメールを探しにくくなってきます。不要なメールは［受信ト
レイ］にため込まずに、定期的に削除することをお勧めします。不要なメールを削除しましょう。

① ［受信トレイ］の削除したいメールをクリックします。
② ［削除］ボタンをクリックします。

131

4 メールの署名

署名を使うと、メールを作成、返送、転送を行うときに、自動的に自分のメールアドレスや名前を入力することができます。署名を作成してみましょう。

① メールウィンドウの ⚙ ［設定］をクリックします。
② ［署名］をクリックします。

③ ［アカウントを選択して署名をカスタマイズしてください］ボックスに "Outlook" と表示されていることを確認します。
④ ［すべてのアカウントに適用する］ボックスをオンにすると、メールアプリに設定しているすべてのアカウントに同じ署名を設定できます。
⑤ ［電子メールの署名を使用する］がオンになっていることを確認します。
⑥ 「Windows 10 版のメールから送信」を削除し、自分の署名を入力します。
　※記号を使って本文との区切り線を入れたり、署名を装飾すると見やすくなります。
⑦ 署名の入力が終わったら［保存］をクリックします。
⑧ メールウィンドウの［＋メールの新規作成］をクリックし、署名が挿入されることを確認します。

署名を設定すると、誰から届いたメールかわかりやすくなりますね。署名はメールを送る前に設定しておくと便利です。

レッスン 4　添付ファイル付きメールの送受信

写真をメールで送ってみましょう。メールに写真や文書を添えて送信することを**添付**といいます。パソコンに取り込んだ写真を添付してみましょう。なお、多くの写真や文書やサイズの大きなものを添付すると、送信できないことがあります。このような場合は、添付するファイルの容量を小さくしたり、圧縮（P62 参照）したファイルを添付したりします。

1　写真を添付したメールの送信

写真や文書などをメールに添付するには、［挿入］タブで行います。写真を添付したメールを作成し、送信してみましょう。

① メールウィンドウの［＋メールの新規作成］をクリックし、宛先、件名、本文を入力します。
② 本文の末尾にカーソルが表示されていることを確認し、［挿入］タブの［画像］ボタンをクリックします。

③ ［ピクチャ］フォルダーの写真が表示されます。月別のフォルダーが作成されているときは、フォルダーをダブルクリックして開きます。
④ ［開く］ダイアログボックスで添付したい写真をクリックし、［挿入］をクリックします。

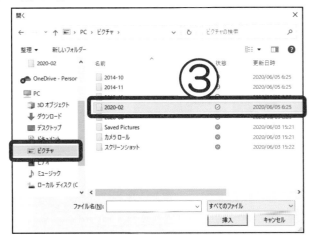
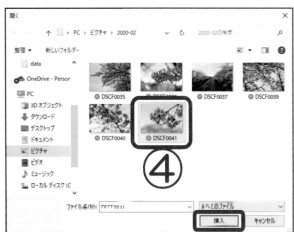

133

⑤ メールに選択した写真が添付されます。
⑥ 挿入した写真は、写真の四隅に表示される○をドラッグして大きさを変えることができます。
⑦ 同様にして、複数の写真を添付することができます。添付が終わったら、［送信］ボタンをクリックします。

2　写真が添付されたメールの受信

受信したメールに写真が添付されていたら、次のようにして確認しましょう。

① 写真の添付されたメールをクリックします。
② スクロールして確認します。
③ 添付された写真を保存したいときは、写真を右クリックし、［画像を保存］をクリックします。
　［名前を付けて保存］ダイアログボックスでファイル名や保存先を指定して［保存］をクリックします。

メールを使って写真をやり取りすることができますね。

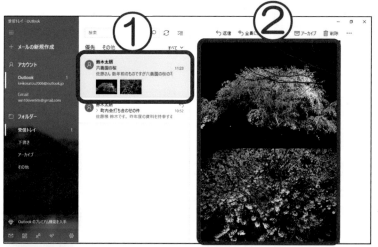

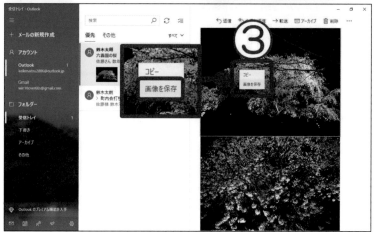

第 7 章

Word を使って
はがきを作成しよう

レッスン 1　はがきの文面の作成

Word を使って簡単にはがきの文面や宛名、お知らせなどの文書を作成できます。写真入りの文書も簡単に作成できます。まず、はがきの文面を作りましょう。

1　Word 2019 の起動と画面構成

文書作成ソフトの Word の起動方法や画面の名称と役割について確認しましょう。

●Word の起動

Word の起動方法を確認しましょう。

① ［スタート］ボタンをクリックします。
② マウスのホイールを使ってスクロールし、Word をクリックします。
③ Word が起動してホーム画面が表示されます。［白紙の文書］をクリックします。

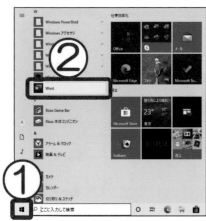
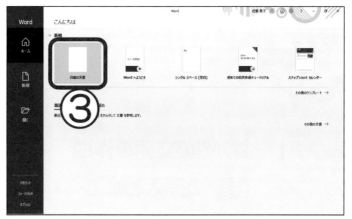

●Word の画面構成

Word の画面の主な名称と役割について確認しましょう。

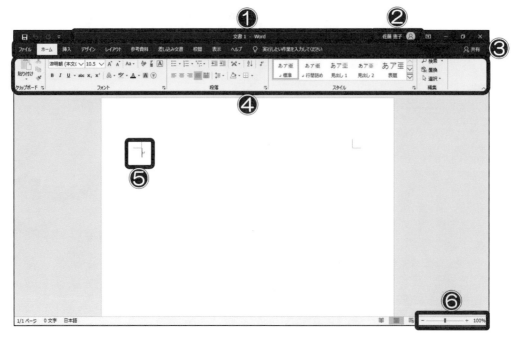

① タイトルバー	開いているファイルの名前とアプリの名前が表示されます。
② Microsoft アカウント	Microsoft アカウントでサインインしているとき、アカウントに登録した氏名などが表示されます。
③ タブ	よく使う機能をまとめたリボンの見出しです。クリックすると他のリボンに切り替えられます。
④ リボン	よく使う命令（コマンド）を割り当てたボタンが機能ごとに分類されて配置されています。
⑤ カーソル	文字が入力される位置を表しています。
⑥ ズーム	画面の拡大や縮小をするときに使います。＋をクリックすると10％ずつ画面が拡大し、－をクリックすると 10％ずつ画面が縮小します。自分が見やすい大きさに調整できます。

2 用紙サイズの設定

Word で文書を作成するときは、はじめに用紙サイズを設定します。用紙サイズによって 1 行に入力できる文字数や 1 ページに入力できる行数が決まります。初期設定では、Word の用紙サイズは A4 に設定されています。はがきサイズに変更し、余白を調整しましょう。

① ［レイアウト］タブをクリックします。
② ［サイズ］ボタンをクリックします。
③ ［ハガキ］をクリックします。

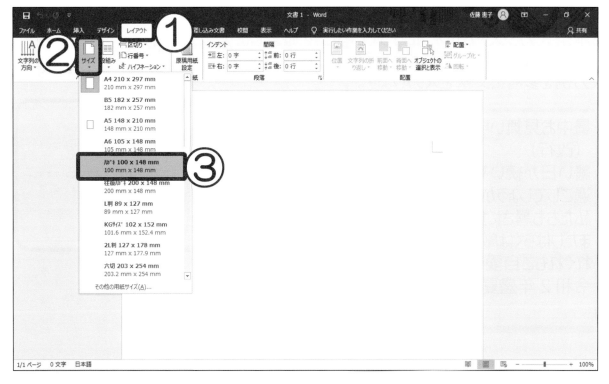

④ ［余白］ボタンをクリックします。
⑤ ［狭い］をクリックします。用紙サイズと余白が設定されます。

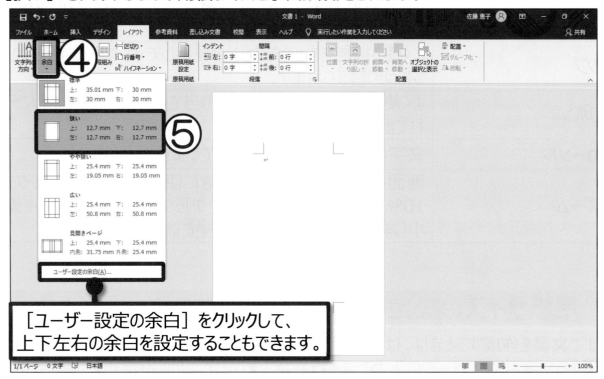

［ユーザー設定の余白］をクリックして、
上下左右の余白を設定することもできます。

3　はがきの文面の入力

カーソルの位置を確認してはがきの文面を入力しましょう。
ここでは暑中お見舞いを例に説明します。

① 日本語入力システムがオンになっていることを確認します。
② カーソルが 1 行目に表示されていることを確認し、
　　入力例を参考に文章を入力します。

暑中お見舞い申し上げます。（改行）
（改行）
暑い日が続いておりますが、お変わりなくお
過ごしでしょうか。（改行）
私たちも暑さに負けぬよう頑張っております。
まだしばらくは厳しい暑さが続きますが、く
れぐれもご自愛くださいませ。（改行）
令和 2 年盛夏（改行）

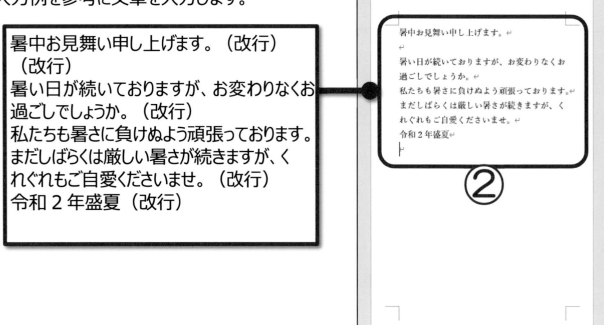

4 文字の書式設定

文字のフォント（書体）、サイズ、色や文字の配置などをまとめて**書式**といいます。書式を設定すると文章にメリハリをつけることができます。

書式を変更するときは、対象の文字を選択してから操作します。

1行目の「暑中お見舞い申し上げます。」の書体、文字サイズ、文字の色を変更しましょう。

また、8行目の「令和2年盛夏」の配置を行の右端に揃えましょう。

① 1行目の左端に ⒁ マウスポインター（白い矢印）を合わせます。
② 1行目の左端でクリックし、行単位で選択され灰色に変わります。
　　※タッチ操作の場合は、ダブルタップして○を表示し、○をドラッグして選択します。

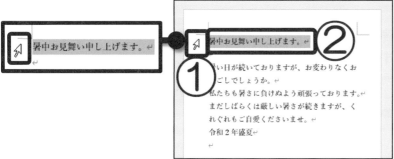

③ ［ホーム］タブをクリックします。
④ ［フォント］ボックスの Ｖ をクリックし、［BIZ UDP ゴシック］をクリックします。

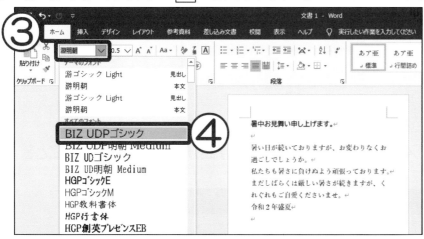

⑤ ［フォントサイズ］ボックスの Ｖ をクリックし、［16］をクリックします。

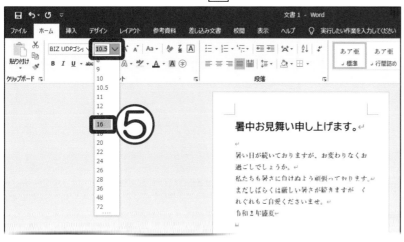

⑥ ［フォントの色］ボタンの V をクリックし、［青］をクリックします。

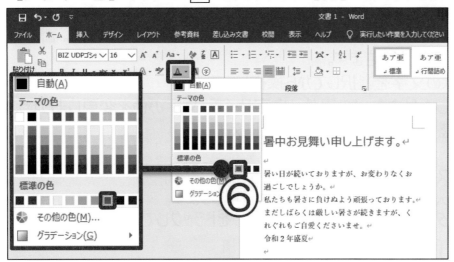

⑦ 「令和2年盛夏」を行単位で選択します。
⑧ ［右揃え］ボタンをクリックします。

⑨ 1行目のフォント、フォントサイズ、文字の色が変わり、8行目が右揃えに変わったことを
確認します。

レッスン 2　写真の挿入と加工

Word で作成した文書に写真を挿入することができます。また、挿入した写真を加工して見栄えをよくすることができます。

1　写真の挿入

写真を挿入してはがきの文面を整えます。写真はカーソルの位置に挿入されます。
必ずカーソルの位置を確認してから操作しましょう。

① 9 行目（空白行）をクリックしてカーソルを移動します。
② ［挿入］タブをクリックします。
③ ［画像］ボタンをクリックし、［このデバイス...］をクリックします。

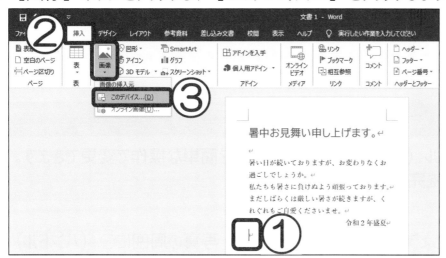

④ ［図の挿入］ダイアログボックスが表示されます。［ピクチャ］をクリックし、挿入したい写真をクリックして選択します。ここでは「ひまわり」を選択します。
⑤ ［挿入］をクリックします。

⑥ カーソルの位置に、写真が挿入されたことを確認します。
⑦ 写真の書式設定に使う［図ツール］の［書式］タブが表示されます。

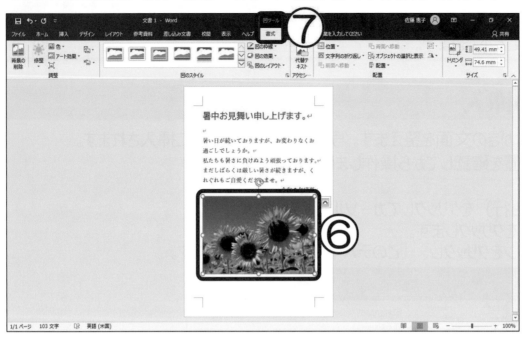

2　写真の加工

挿入した写真のサイズ、スタイル（見栄え）、レイアウトなどを簡単な操作で変更できます。
写真を加工してはがきの文面を完成させましょう。

●写真のサイズ変更

写真のサイズを変更してみましょう。サイズを変更するときは、写真の周囲に○（ハンドル）が
表示された状態で操作します。四隅のハンドルをドラッグすると、幅と高さを一緒に変更できま
す。ここでは写真のサイズを少し小さくしています。

① 写真をクリックして選択し、○ハンドルを表示します。
② 写真の右下のハンドルにマウスポインターを合わせ、⤡（両方向の矢印）に変わったら、
　図を参考に左上にドラッグします。
③ 写真のサイズが変わります。

142

 **ワンポイント** 写真の位置の変更

写真を挿入した直後、写真は行に固定された状態になっています。▤ ［左揃え］、
▤ ［中央揃え］、▤ ［右揃え］ボタンで行内の配置を変更することはできますが、自由
な位置に配置したいときは、文字列の折り返しを変更してから操作します。
文字列の折り返しは P144 で説明します。

●写真のスタイルの変更

写真を選択したときに表示される［書式］タブの［図のスタイル］を使うと、写真に縁取りを
付けたり、周囲をぼかして影を付けたりなど、クリックするだけで見栄えを変えることができます。
好きなスタイルを設定してみましょう。

① 写真をクリックしてハンドルを表示します。
② ［書式］タブをクリックし、［図のスタイル］の ▽ をクリックします。

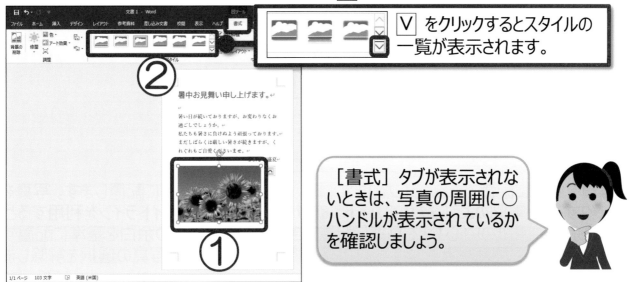

③ 試してみたいスタイルにマウスポインターを合わせると、スタイル適用後の写真を確認できます。任意のスタイルをクリックします。選んだスタイルによっては写真が 2 ページ目に表示されることがあります。

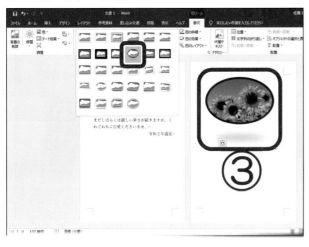

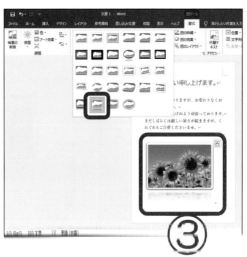

●写真の配置の変更（文字列の折り返し）

写真を挿入すると、挿入した行に固定され、自由な位置に配置できない状態になっています。初期設定では［行内］になっています。

文字列の折り返しを変更することで、写真を好きな位置に配置できるようになります。

① 写真をクリックします。
② ［書式］タブの［文字列の折り返し］ボタンをクリックします。
③ ［前面］をクリックします。

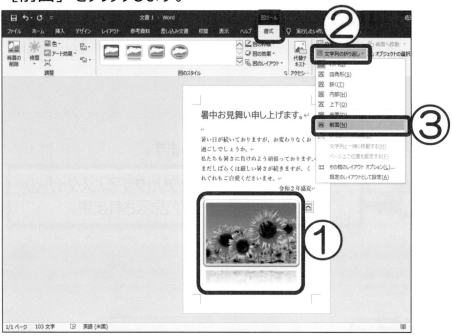

④ 写真を自由に配置できるようになります。ドラッグして好きな位置に配置します。写真をドラッグすると、下図のように緑色のガイドラインが表示されます。ガイドラインを利用すると左右の余白や用紙の中心などを基準に配置できます。また、上下の余白を基準に配置することもできます。配置が決まったら写真以外の場所をクリックして、写真の選択を解除します。

▼左余白に揃えたとき

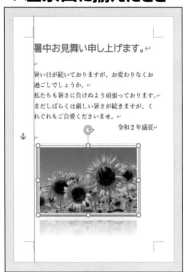

▼中央に揃えたとき

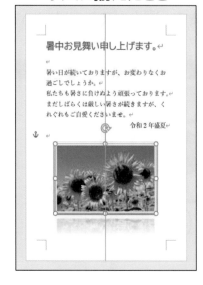

▼右余白に揃えたとき

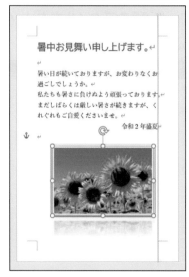

🎎 ワンポイント　その他の文字列の折り返し

文字列の折り返しには、［行内］、［四角形］、［狭く］、［内部］、［上下］、
［背面］、［前面］があります。
使用頻度が高い［四角形］と［上下］の違いは以下の通りです。

▼四角形

写真の周囲に
四角く文字が
配置されます。

▼上下

写真の上下の行に文
字が配置されます。
写真の左右に文字は
配置されません。

レッスン 3　はがきの保存と印刷

作成したはがきの文面に名前を付けて保存しましょう。また、はがきを印刷する方法も確認
しましょう。

1　はがきの文面の保存

はがきの文面に「暑中見舞い」という名前を付けてパソコンの［ドキュメント］フォルダーに保存
しましょう。

① ［ファイル］タブをクリックします。
② ［名前を付けて保存］をクリック
します。
③ ［この PC］をクリックします。
④ ［ドキュメント］をクリックします。
OneDrive に保存したいときは、
［OneDrive－個人用］を
クリックし、［ドキュメント］を
クリックします。

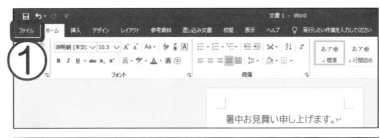

⑤ ［名前を付けて保存］ダイアログボックスが表示されます。［ファイル名］ボックスに
「暑中見舞い」と入力します。
⑥ ［保存］をクリックします。

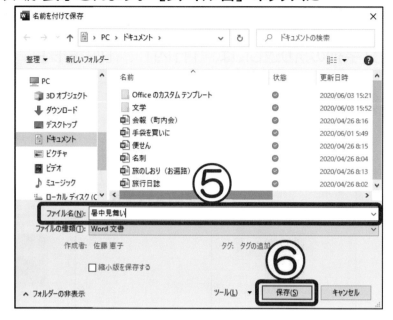

⑦ 文書が保存され、タイトルバーに「暑中見舞い」と表示されていることを確認します。

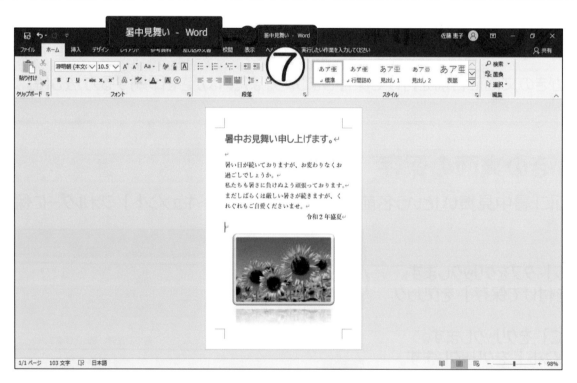

![ワンポイント] **ファイル名に付けられない文字**

次の半角記号は、ファイル名に付けることができません。ファイル名には使わないようにしましょう。
/（スラッシュ）　?（疑問符）　:（コロン）　*（アスタリスク）　¥（円記号）

146

2　はがきの印刷

パソコンにプリンターが接続されていれば、はがきを印刷することができます。印刷する用紙の種類やインクの色は［プリンターのプロパティ］で設定します。
ここでは Epson のプリンターを例に説明しています。［プリンターのプロパティ］ウィンドウに表示される内容はプリンターのメーカーによって異なります。

① ［ファイル］タブをクリックします。

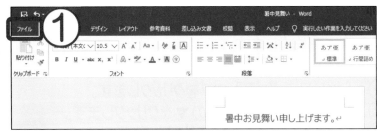

② ［印刷］をクリックします。
③ ［プリンターのプロパティ］をクリックします。

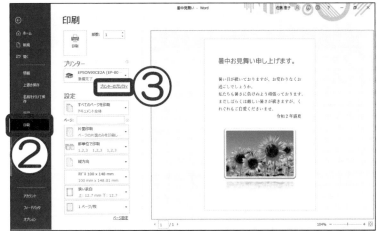

④ ［用紙種類］ボックスの V をクリックし、印刷する用紙をクリックします。
⑤ ［カラー］ボックスの V をクリックし、印刷する色をクリックします。
⑥ ［OK］をクリックします。

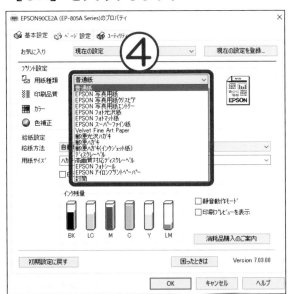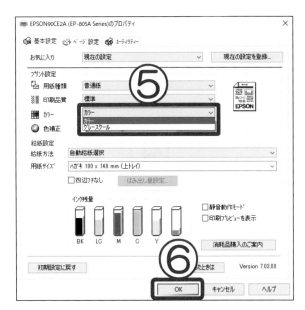

⑦ 手順③の画面に戻ります。設定を確認して［印刷］ボタンをクリックします。

レッスン 4　はがきの宛名面の作成

Word の［差し込み文書］タブのはがき印刷機能を使うと、はがきの宛名面も作成できます。ここでは差出人を宛名面に印刷する方法を説明します。

1　宛名面の作成

Word ではがきの宛名面を作成しましょう。宛名面は［差し込み文書］タブのはがき印刷機能を使って作成します。

① ［差し込み文書］タブをクリックします。
② ［はがき印刷］ボタンの▼をクリックします。
③ ［宛名面の作成］をクリックします。

④ はがき宛名面作成ウィザードが表示されます。画面を確認し、［次へ］をクリックします。
⑤ ［はがきの種類を選択してください］と表示されます。任意のはがきの種類を選択します。
　 ここでは［年賀/暑中見舞い］が選択されていることを確認し、［次へ］をクリックします。
　 ※1 つ前の画面に戻って内容を確認したいときは、［戻る］をクリックします。

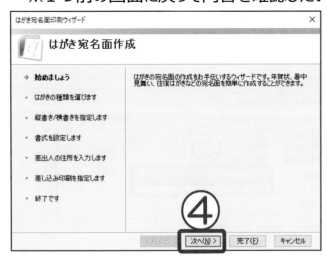

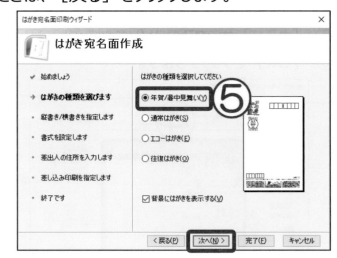

148

⑥ ［はがきの様式を指定してください］と表示されます。［縦書き］または［横書き］を選択します。ここでは［縦書き］が選択されていることを確認し、［次へ］をクリックします。

⑦ ［宛名/差出人のフォントを指定してください］と表示されます。［フォント］ボックスの一覧から任意のフォントを指定します。ここでは［メイリオ］を選択しています。

⑧ ［宛名住所内の数字を漢数字に変換する］チェックボックスと［差出人住所内の数字を漢数字に変換する］チェックボックスをオンまたはオフにします。
ここではそれぞれオンになっていることを確認し、［次へ］をクリックします。

⑨ ［差出人情報を入力してください］と表示されます。［差出人を印刷する］チェックボックスがオンになっていることを確認します。［氏名］、［郵便番号］、［住所１］、［住所２］などのボックスに必要な情報を入力し、［次へ］をクリックします。

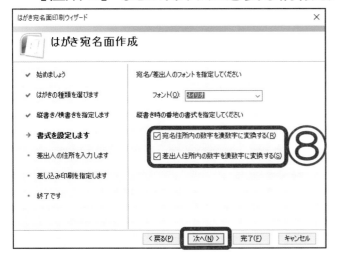

⑩ ［宛名に差し込む住所録を指定してください］と表示されます。ここでは［使用しない］を選択します。

⑪ ［宛名の敬称を指定してください］と表示されます。［宛名の敬称］ボックスの任意の敬称を選択します。ここでは［宛先の敬称］ボックスの一覧の［（なし）］をクリックし、［次へ］をクリックします。

⑫ ［設定は終了しました］と表示されます。画面を確認し、［完了］をクリックします。

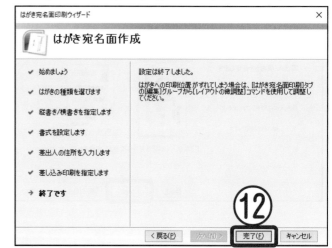

⑬ はがきの宛名面が作成され、画面に表示されます。

⑭ ［ファイル］タブの［名前を付けて保存］をクリックします。

⑮ ［この PC］をクリックし、［ドキュメント］をクリックします。

⑯ ［名前を付けて保存］ダイアログボックスが表示されます。［ファイル名］ボックスに「宛名」と入力し、［保存］をクリックします。

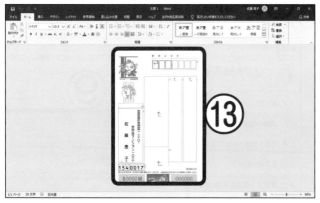
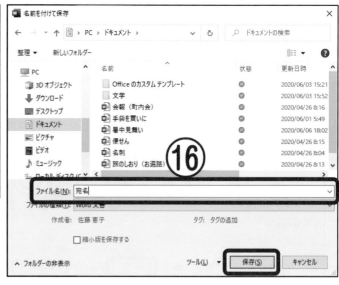

 **宛名面の印刷**

はがきの宛名面も文面と同様に印刷することができます。印刷の手順は P147 を参照してください。

150

第8章

Windows 10 で便利な機能を利用してみよう

レッスン 1　アプリのインストール

Windows 10 ではゲームやエンターテイメント、仕事効率化などの**アプリ（アプリケーション）**を購入できる **Microsoft Store（マイクロソフトストア）**というオンラインショップがあります。アプリケーションは略してアプリといいます。アプリを利用して、パソコンの中にない機能を追加することができます。Microsoft Store には、有料・無料のアプリが多数用意されています。

1　Microsoft Store とは

Windows 10 には、フォトやカレンダーなどのアプリが付属していますが、アプリを追加すると「インターネットで音楽を聴く」「いろいろなゲームを楽しむ」「映画やテレビ番組を楽しむ」「写真や動画の高度な編集をする」などができるようになります。

アプリはインターネット上にある Windows 10 の専門ショップ **Microsoft Store（マイクロソフトストア）**から追加して使います。Windows 10 にアプリを追加することを**インストール**といいます。アプリのインストールには P94 で作成した **Microsoft アカウント**が必要になります。好みや目的に応じてアプリを追加してパソコンを使いこなしましょう。

Microsoft Store には、［ホーム］、［ゲーム］、［エンターテイメント］、［仕事効率化］、［お買い得商品］のメニューがあります。［ゲーム］にはゲームアプリ、［エンターテイメント］にはテレビ番組や音楽関連のアプリ、［仕事効率化］にはビジネス関連のアプリなどに分類されているので、目的に合ったメニューからアプリを探すと見つけやすくなります。アプリは有料、無料のものがあり、有料アプリの代金はクレジットカードなどで支払うことができます。

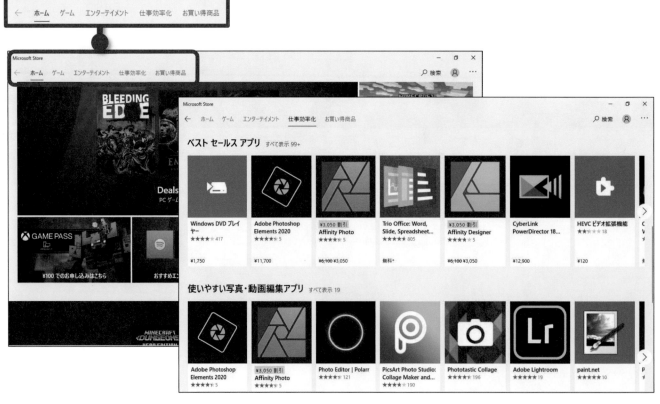

2 アプリのインストール

ここでは、Microsoft Store から無料の音楽ストリーミングソフト **Spotify** をインストールしてみましょう。**ストリーミング**は、音楽や映像などのデータをある程度受信した時点で再生を開始し、データの受信と再生を同時に行う仕組みのことをいいます。

無料版では、インターネットに接続しているときに音楽を聴くことができます。有料版ではインターネットに接続していないときでも音楽をダウンロードして再生できます。

●Spotify のインストール

Microsoft Store から Spotify をインストールしましょう。

① ［スタート］ボタンをクリックします。
② ［スタート］メニューの［Microsoft Store］または［Microsoft Store］のタイルをクリックします。
③ ［Microsoft Store］が表示されます。［検索］ボックスをクリックし、「Spotify」と入力します。
④ ［Spotify - 世界最大の音楽ストリーミングサービス］をクリックします。

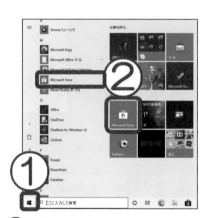

⑤ ［Spotify - 世界最大の音楽ストリーミングサービス］が表示されます。
⑥ スクロールして主な特長などの説明を確認します。
⑦ ［入手］をクリックします。
⑧ インストールが完了するとメッセージが表示されます。しばらくすると消えます。
⑨ ［×］ボタンをクリックして、Microsoft Store を閉じます。

●Spotify のユーザー登録

インストールしたアプリ Spotify を使ってみましょう。まず、Spotify のユーザー登録が必要です。

① ［スタート］ボタンをクリックします。
② ［スタート］メニューの［Spotify］をクリックします。
③ ［無料プランに登録］をクリックします。

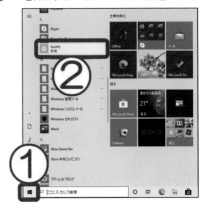

④ 任意のメールアドレスを入力します。ここでは、Microsoft アカウントを入力しています。

⑤ 任意のパスワードを入力します。

⑥ 任意のユーザー名を入力します。

⑦ ［次へ］をクリックします。

⑧ 登録する生年月日を入力します。

⑨ 性別を指定します。

⑩ ［Spotify 利用規約とプライバシーポリシーに同意します。］チェックボックス、［個人情報の収集、処理および利用に関して記載されたプライバシーポリシーに同意します］チェックボックスをオンにします。

⑪ ［SPOTIFY を楽しもう］をクリックします。

154

⑫ しばらくすると手順④で指定したメールアドレスに登録確認のメールが届きます。メールアプリを開き、Spotify から届いたメールの［アカウントを確認する］をクリックします。

⑬ メールアドレスの確認が完了するとブラウザで、Spotify の Web ページが開きます。「これで完了です」と表示されていることを確認します。［×］ボタンをクリックして閉じます。

●Spotify の使い方

Spotify アプリを起動して、音楽を聴いてみましょう。初めに Spotify にログインします。

① ［スタート］ボタンをクリックし、スタートメニューの［Spotify］をクリックします。

② Spotify のログイン画面が表示されます。ユーザー登録したメールアドレスとパスワードを入力し、［ログイン］をクリックします。

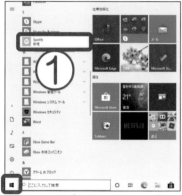

Spotify にログインすると［Home］画面が表示されます。サムネイルにマウスを合わせると

［再生］ボタンが表示され、クリックすると楽曲を聴くことができます。

　［チャート］では日本や世界のトップチャート、［ムード］では、気分に合った楽曲を選ぶことができます。［Home］画面をスクロールすると、［おすすめプレイリスト］なども表示されます。自分の好みの音楽を探してみましょう。

▼チャート

▼ムード

155

Spotify のメニューで［Browse］をクリックすると、［ジャンル＆気分］、［ポッドキャスト］、［チャート］、［ニューリリース］、［ディスカバー］、［コンサート］が表示されます。
ここでは、［ジャンル ＆ 気分］の［At Home］をクリックして「おうちで楽しめる音楽」の［Listening Together］を再生しています。

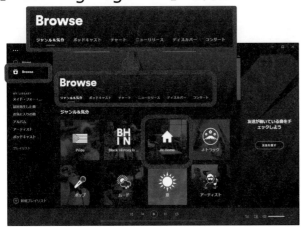

画面下に再生中の楽曲のジャケットや曲名、曲の再生に使うボタンが表示されます。

画面右下の ⬛ ［次に再生］をクリックすると、次に再生する楽曲リストが一覧で表示されます。どのアーティストのどんな楽曲が再生されるか確認できます。⬛ ［歌詞］のボタンが表示されるときは、クリックするとその楽曲の歌詞が表示されます。

⬛ を使うとドラッグで音量の調整ができます。

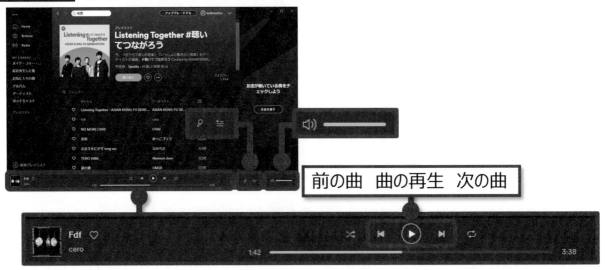

前の曲　曲の再生　次の曲

画面上部の［検索］ボックスを使うと、アーティスト名などで検索できます。ここでは、「ビートルズ」と入力して、検索しています。

Spotify を閉じる前に、ログアウトしましょう。
ユーザー名の右側の［∨］をクリックし、［ログアウト］をクリックします。

ユーザー名

Microsoft Store には、ここで紹介した Spotify の他にもいろいろな
アプリがあります。パズルなどのゲームや仕事に役立つアプリもあります。
気になったものはインストールして使ってみましょう。

3　アプリのアンインストール

使わなくなったアプリを完全に削除することを**アンインストール**といいます。自分でインストール
したアプリはアンインストールできます。

① ［スタート］ボタンをクリックし、🔧 ［設定］
　 をクリックします。
② ［Windows の設定］ウィンドウの［アプ
　 リ］をクリックします。
③ ［アプリと機能］をクリックします。アプリの
　 一覧が表示されます。インストールした
　 日時、アプリのサイズが表示されます。
④ 削除したいアプリをクリックし、［アンインス
　 トール］をクリックします。
⑤ 確認メッセージが表示されたらもう一度［アンインストール］をクリックします。

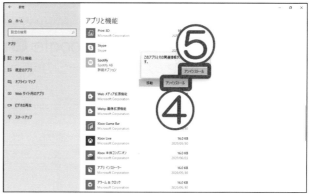

ワンポイント　**右クリックによるアンインストール**

スタートメニューに表示されているアプリの場合、削除したい
アプリを右クリックし、［アンインストール］をクリックしても
アプリをアンインストールすることができます。

157

レッスン 2　Google のアプリ

Google 社のブラウザ **Google Chrome（グーグル クローム）** やインターネットのサービスのひとつ **Google マップ**は、非常に多くの人に使われています。
Google Chrome は Google 社の Web ページからパソコンにインストールして使います。また、Google Chrome を起動して Google マップを使ってみましょう。

1　Google Chrome の使い方

パソコンには、複数のブラウザをインストールすることができます。多くの人に使われている、**Google Chrome** を Google 社の Web ページからインストールして使ってみましょう。
また、Google をより便利に使うために、Google アカウントを作成しましょう。

●Google Chrome のインストール

Google 社の Web ページから Google Chrome をインストールしましょう。

① ［スタート］ボタンをクリックし、［Microsoft Edge］をクリックします。
② アドレスバーに「chrome」と入力し、［Enter］キーを押します。

③ 検索結果が表示されます。［Google Chrome ウェブブラウザ］をクリックします。
④ Google Chrome の Web ページが表示されます。［Chrome をダウンロード］をクリックします。

⑤ ダウンロードが終わると画面左下に［ChromeSetup.exe］が表示されます。
［ファイルを開く］をクリックして、Chrome のダウンロードとインストールを実行します。
⑥ ［ユーザーアカウント制御］画面が表示されたら［はい］をクリックします。
⑦ インストール中はインストールの進行状態がバーで表示されます。

⑧ インストールが終わると Chrome の設定画面が表示されます。［開始する］をクリックします。
⑨ ［お気に入りの Google アプリへのブックマークを追加します］と表示されたら、ここでは
［Gmail］、［YouTube］、［マップ］が選択されていることを確認し、［次へ］を
クリックします。設定を行わずに次の画面に進む場合は、［スキップ］をクリックします。

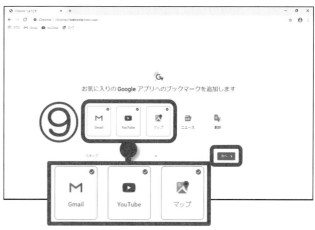

⑩ ［背景を選択します］と表示されたら、ここでは［既定］が選択された状態で［次へ］
をクリックします。
⑪ ［Chrome を既定のブラウザに設定する］と表示されたら、ここでは［スキップ］を
クリックします。既定のブラウザに設定する場合は［デフォルトとして設定］をクリック
します。

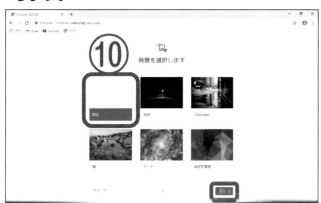

⑫ ［あなたの Chrome をいつでもどこでも］と表示されたら［続行］をクリックします。

続けて Google
アカウントを作成
しましょう。

●Google アカウントの作成

続けて Google アカウントを作成しましょう。

① ［Chrome へのログイン］が表示されます。
　 ［アカウントを作成］をクリックします。
② ［Google アカウントの作成］が表示されます。
　 ［姓］ボックスに自分の姓、［名］ボックスに
　 自分の名前を入力します。
③ ［ユーザー名］ボックスに任意のメールアドレスを
　 入力します。半角英字、数字、ピリオド（.）を
　 使用できます。
　 ※ ［このユーザー名は既に使用されています。
　　　 別のユーザー名を選択してください］と表示
　　　 されたら、別のメールアドレスを入力します。
④ ［パスワード］ボックス、［確認］ボックスに任
　 意のパスワードを入力し、［次へ］をクリックし
　 ます。
　 ※パスワードは半角英字、数字、記号を組み
　　 合わせて8文字以上で入力します。
　　 パスワードを保存しますか？と表示されたら
　　 ［使用しない］をクリックします。
⑤ ［電話番号の確認］が表示されます。
　 本人確認を行うため、［電話番号］
　 ボックスに携帯電話の番号を入力し、
　 ［次へ］をクリックします。

⑥ ［確認コードを入力してください］ボックスに携帯電話のショートメールメッセージ（SMS）で受信した確認コードを入力し、［確認］をクリックします。

⑦ ［Google へようこそ］が表示されます。［電話番号］ボックスに本人確認のために入力した携帯電話の番号が表示されます。設定しないときは空欄にします。

⑧ ［再設定用のメールアドレス］ボックスに Gmail とは別の任意のメールアドレスを入力します。設定しないときは空欄にします。ここでは、Microsoft アカウントを入力しています。

⑨ ［年］、［月］、［日］のボックスに自分の生年月日を入力します。

⑩ ［性別］ボックスで一覧から性別を選択し、［次へ］をクリックします。

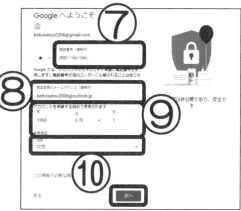

⑪ ［電話番号の活用］が表示されます。電話番号を追加する場合は［はい、追加します］を、設定を省略する場合は、［スキップ］をクリックします。
ここでは［はい、追加します］をクリックします。

⑫ ［プライバシーポリシーと利用規約］の内容を確認します。特に問題がなければ［同意する］をクリックします。アカウントの作成をキャンセルするときは［キャンセル］をクリックします。

⑬ ［同期を有効にしますか？］と表示されます。スマートフォンやタブレットなどと設定を**同期**（同じ設定にする）するときは［有効にする］をクリックします。同期しないときは、［キャンセル］をクリックします。
ここでは［有効にする］をクリックします。

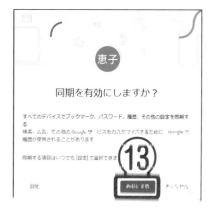

161

Google アカウント	@gmail.com
パスワード	

Google アカウントに登録した内容を
忘れないようにメモしておきましょう。

●**Google Chrome での検索**

Google Chrome でキーワード検索をしてみましょう。

① アドレスバーにキーワードを入力します。ここでは、「日経 BP ブックス」と入力し、［Enter］
キーを押します。

② 検索結果が表示されます。ここでは「日経 BP ブックス＆テキスト Online」をクリック
します。

③ 「日経 BP ブックス＆テキスト Online」の Web ページが表示されます。

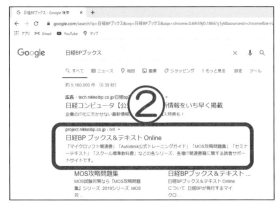

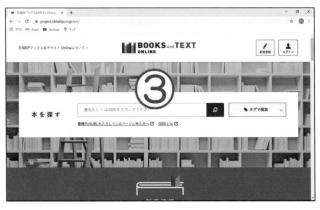

単純な検索をしてみま
したが、Microsoft
Edge と同じように複雑
な検索もできます。いろ
いろ試してみましょう。

2　Google マップの使い方

Google 社のサービスのひとつ **Google マップ（グーグルマップ）**は、多くの人が利用してい
ます。地図の他に公園や店舗などの検索や公共交通機関での経路の検索もできます。
Google アカウントでログインし、Google アカウントに携帯電話の番号を設定しておくと、
検索結果を Gmail やショートメールメッセージで送信することもできます。

① ［スタート］ボタンをクリックし、［Google Chrome］をクリックします。
② ［Google Chrome はデフォルトのブラウザとして設定されていません］が表示されたら
　［×］ボタンをクリックして閉じます。
③ ［マップ］をクリックします。
④ 現在地の周辺の地図が表示されます。
⑤ ［Google マップを検索する］ボックスでキーワード検索ができます。
　ここでは、「都立公園」で検索しています。地図上に検索された都立公園の名前と場所
　が表示されます。
⑥ 検索結果をクリックすると詳細が表示され、地図上にマークが付きます。

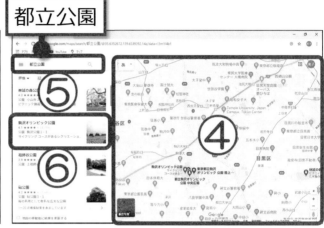

⑦ ［ルート・乗り換え］をクリックすると経路の検索ができます。
⑧ ［経路検索］ウィンドウが表示されます。ここでは、🚇 ［公共交通機関］をクリックし、
　最寄り駅からの交通手段を検索しています。検索結果が表示され、地図上にルートが
　表示されます。
　　◆ ［おすすめの交通手段］、🚗 ［車］、🚶 ［徒歩］でも経路検索ができます。

⑨ ［ルートをモバイルデバイスに送信］をクリックします。

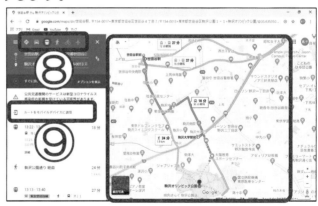

⑩ ［スマートフォンに送信］と表示されます。Gmail アドレスにメールを送信、携帯電話番
　号に SMS（ショートメールメッセージ）送信のどちらかをクリックします。

パソコンで調べた結果をスマートフォンに送信
できると、出かけたときでも安心できますね。
Google アカウントも作成すると、より便利に
使うことができそうですね。

163

レッスン 3　Windows 10 の各種設定

Windows 10 にはパソコンの設定を変更するための **[Windows の設定]** というウィンドウがあります。Windows の設定を使うと、パソコンを使いやすくしたり、好みの設定にしたりできます。

1　Windows の設定

Windows 10 にはパソコンの設定を行う **[Windows の設定]** というウィンドウがあります。よく使う設定項目が機能別に分類されています。

[Windows の設定] ウィンドウは、[スタート] ボタンをクリックして
[設定] をクリックすると表示されます。主な設定は以下の通りです。ノートパソコン限定の設定もあります。

システム	ディスプレイや通知、電源に関するメニューがあります。Windows のバージョン情報もここで確認します。電源とスリープでは、ディスプレイの電源が自動的に切られる時間や、パソコンを自動的にスリープ状態にする時間を設定できます。
デバイス	Bluetooth 機器やプリンターの追加と削除、マウスの設定に関するメニューがあります。
電話	スマートフォンとパソコンのリンクを設定します。
ネットワークとインターネット	Wi-Fi やネットワーク、機内モードの設定ができます。
個人用設定	背景や画面の色の設定を変更できます。スタートメニュー、タスクバーの設定に関するメニューもあります。
アプリ	アプリのアンインストールや既定のアプリの設定などができます。
アカウント	ユーザー情報、メールなどで使うアカウント、サインイン方法の管理などができます。
時刻と言語	日付と時刻、地域、使用言語などの設定ができます。
ゲーム	ゲームに関する設定ができます。
簡単操作	ナレーターや拡大鏡、カラーフィルター、ハイコントラストなど、パソコンの使い勝手の変更ができます。ディスプレイでは画面に表示される文字を大きくしたり、画面全体のアプリと文字の大きさを大きくしたりできます。マウスポインターではポインターのサイズと色を変更できます。また、テキストカーソルではカーソルの大きさや色、太さなどの外観を変更できます。
検索	[検索] ボックスでの検索範囲やパソコンのファイル検索範囲などの管理ができます。
プライバシー	位置情報やカメラ、マイクなどプライバシーに関する設定ができます。
更新とセキュリティ	Windows 10 の更新プログラムやセキュリティ、バックアップなどの設定ができます。

2 デスクトップの背景や色の変更

デスクトップの背景や色は好きなものに変更することができます。また、背景、色、サウンド、マウスカーソルなどを統一したデザインで設定できる**テーマ**というものも用意されています。テーマも自分の好みに変更できます。

●デスクトップの背景の変更
デスクトップの背景は、自分の好きなものに変更できます。

① ［スタート］ボタンをクリックし、［設定］
　クリックします。
② ［Windows の設定］ウィンドウの［個人用
　設定］をクリックします。
③ ［背景］をクリックします。

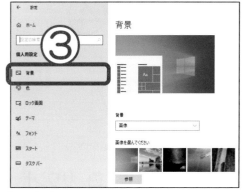

④ ［画像を選んでください］から好みの画像をクリックします。
⑤ ［×］ボタンをクリックして背景を確認します。

●デスクトップの色の変更
デスクトップの色を変更すると、スタートメニューやウィンドウの色が変わります。好みに応じて色を設定してみましょう。

① ［スタート］ボタンをクリックし、［設定］をクリックします。
② ［Windows の設定］ウィンドウの
　　［個人用設定］をクリックし、［色］
　　をクリックします。
③ ［背景から自動的にアクセントカラーを
　　選ぶ］チェックボックスがオンになってい
　　る場合は、クリックしてオフにします。

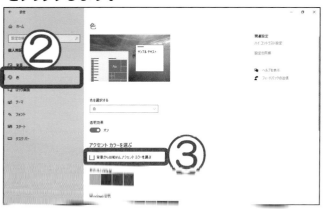

165

④ 一覧から好きな色をクリックします。プレビュー画面に表示されるので、確認しながら試すことができます。
⑤ 画面を下にスクロールし、［タイトルバーとウィンドウの境界線］チェックボックスをオンにすると、色を変えたことがわかりやすく確認できます。
⑥ ［×］ボタンをクリックしてデスクトップの色を確認します。

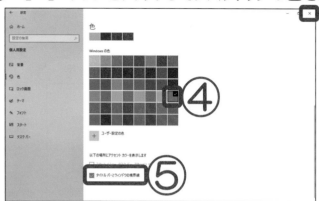
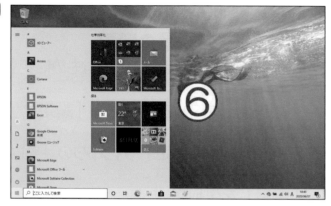

●テーマの変更

テーマを変更すると、背景、色、サウンド、マウスカーソルなどをまとめて変更することができます。

① ［スタート］ボタンをクリックし、［設定］をクリックします。
② ［Windows の設定］ウィンドウの［個人用設定］をクリックし、［テーマ］をクリックします。
③ 現在設定されているテーマが表示されます。

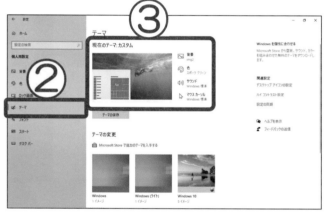

④ ［テーマの変更］にある好みのテーマをクリックします。ここでは［Windows 10］をクリックしています。
⑤ ［×］ボタンをクリックして設定したテーマを確認します。

3 Windows Update

Windows 10 は、製品として出荷されてからもさまざまな「不具合の修正」や「新機能の追加」などの改良が絶えず行われています。

従来は新製品として提供されてきましたが、Windows 10 では、インターネットを介して OS の**アップデート（更新）**という形態で提供されています。

不具合の修正や緊急のセキュリティ対策などは、月次でアップデートプログラムが提供されています。Windows 10 は、年に 2 回新機能の追加や機能改良などを含む大型のアップデートプログラムが提供されていて、**常に最新バージョンの OS として利用し続ける**ことができます。いずれも無償で入手することができます。

［Windows の設定］ウィンドウの［更新とセキュリティ］の［Windows Update］で更新プログラムの設定をすることができます。

●更新プログラムの設定確認

更新プログラムの設定を確認しましょう。

① ［スタート］ボタンをクリックし、［設定］をクリックします。
② ［Windows の設定］ウィンドウの［更新とセキュリティ］をクリックします。
③ ［Windows Update］をクリックします。
④ ［アクティブ時間の変更］をクリックします。
　　※**アクティブ時間**は、パソコンを使っている時間帯のことをいいます。アクティブ時間は
　　　パソコンを使用していない時間に更新や再起動を行うために使われています。
⑤ アクティブ時間を変更するときは［現在のアクティブ時間：8:00 から 17:00 まで　変更］の［変更］をクリックします。
⑥ ［開始時刻］と［終了時刻］を必要に応じて変更し、［保存］をクリックします。変更しない場合は、［キャンセル］をクリックします。ここでは［キャンセル］をクリックします。

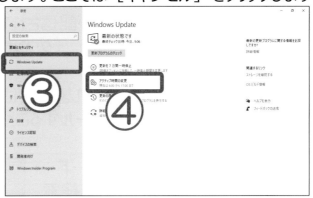

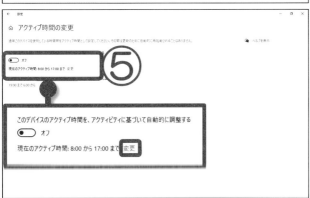

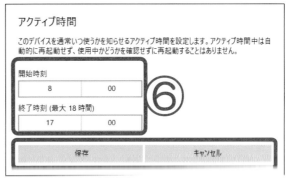

167

⑦ ［アクティブ時間の変更］に戻ります。［設定］ウィンドウ左上の［←］をクリックして
　　［Windows Update］ウィンドウに戻ります。
⑧ ［詳細オプション］をクリックします。
⑨ ［Windowsの更新時に他のMicrosoft製品の更新プログラムを受け取る］を必要に
　　応じてオンにします。オンにすると、Windowsの他にMicrosoft社のプログラムがインス
　　トールされているときは、そのプログラムの更新プログラムも一緒にダウンロードされます。
⑩ ［更新プログラムをインストールするために再起動が必要な場合は、できるだけすぐこのデ
　　バイスを再起動してください。再起動の前に通知が表示されます。デバイスがコンセントに
　　接続されていて電源が入っている必要があります。］を必要に応じてオンにします。オンに
　　すると更新プログラムがインストールされるとできるだけすぐ再起動するように設定できます。
⑪ ［更新を完了するためにPCの再起動が必要な場合は、通知を表示します。］を必要
　　に応じてオンにします。オンにすると再起動に関する通知が表示されるようになります。

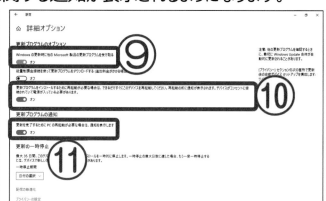

●アップデートプログラムのインストール

年に2回配信される、新機能の追加や機能改良などを含む大型のアップデートプログラムは、
数週間かけて順次配信されます。自分のパソコンにアップデートプログラムが配信されているか
を確認するには、［Windows Update］ウィンドウの［更新プログラムのチェック］ボタンを
クリックします。アップデートプログラムが配信されている場合は［Windows 10, バージョン
2004 へのアップデート］が表示され、［ダウンロードしてインストール］をクリックするとインス
トールされます。

アップデートプログラムがすぐに配信されないときは、［Windows 10 更新アシスタント］を
使ってアップデートプログラムをインストールすることもできます。

① Microsoft Edgeを開き、キーワード
　　「Windows 10 のダウンロード」で検索
　　し、「Windows 10 のダウンロード」
　　ページを開きます。
② ［今すぐアップデート］をクリックします。
③ ［実行］をクリックします。

④ ［Windows 10 更新アシスタント］ウィンドウが表示されます。［Windows 10 の最新バージョンへの更新］と表示されたら［今すぐ更新］をクリックします。

⑤ ［この PC は Windows 10 と互換性があります］と表示されたら［次へ］をクリックします。

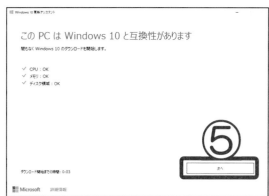

⑥ ［更新プログラムを準備しています］と表示されます。Windows 10 のダウンロード、ダウンロードの検証、Windows 10 の更新が順番に実行されます。

⑦ ［更新プログラムの準備ができました。更新を完了するには、PC を再起動する必要があります。］と表示されます。アップデートプログラムを適用するには［今すぐ再起動］をクリックします。

⑧ パソコンが数回再起動され、アップデートプログラムが適用されます。

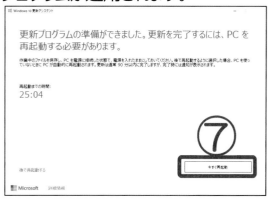

●バージョン情報の確認

Windows 10 のバージョンを確認しましょう。

① ［スタート］ボタンをクリックし、［設定］をクリックします。

② ［Windows の設定］ウィンドウの［システム］をクリックします。

③ ［バージョン情報］をクリックします。

④ 下までスクロールし、［Windows の仕様］の［バージョン］を確認します。
　　※バージョンは大型アップデートプログラムに振られる番号、OS ビルドは更新プログラムに付けられた通し番号をいいます。

⑤ ［×］ボタンをクリックして［Windows の設定］ウィンドウを閉じます。

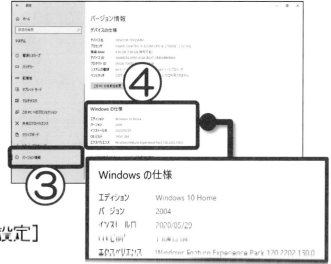

169

索 引

171

著者紹介

塚原 久美（つかはら くみ）
1995年 Windows95 の爆発的なブームを契機に、パソコン関係の仕事がしたいと一念発起し、事務職からパソコンのインストラクターに転身。1997年から2003年までパソコンのインストラクター職に従事。現在は、株式会社ベストプラニングに所属し、業務用アプリケーションのマニュアル作成、運用サポートなどの業務に従事している。その傍らでパソコン関連の原稿を多数執筆。難しい内容をわかりやすく伝えることを信念としている。

協力

パソコン市民 IT 講座　つつじヶ丘教室の皆さん https://www.pc-tutuji.com/

株式会社 ビィーメイト
パソコン市民 IT 講座を運営。つつじヶ丘教室に著者の妹が講師として勤務している関係で、本書の目次案、本文の監修等に協力。直営校として、つつじヶ丘教室、千歳烏山教室、府中駅前教室、パソコンサロン府中の 4 教室を運営。グループ校として、全国約 50 教室の経営支援、サポートを行う。

いちばんやさしい 60 代からの Windows 10　第 3 版

2015 年 10 月 26 日　初版第 1 刷発行
2018 年 6 月 25 日　第 2 版第 1 刷発行
2020 年 7 月 6 日　第 3 版第 1 刷発行
2022 年 8 月 5 日　第 3 版第 3 刷発行

著　　　者	塚原 久美	
発　行　者	村上 広樹	
発　　　行	日経 BP	
	東京都港区虎ノ門 4-3-12　〒105-8308	
発　　　売	日経 BP マーケティング	
	東京都港区虎ノ門 4-3-12　〒105-8308	
DTP 制作	塚原 久美	
カバーデザイン	大貫 修弘（株式会社マップス）	
印　　　刷	大日本印刷株式会社	

・本書に記載している会社名および製品名は、各社の商標または登録商標です。なお、本文中に™、®マークは明記しておりません。
・本書の例題または画面で使用している会社名、氏名、他のデータは、一部を除いてすべて架空のものです。

ISBN978-4-8222-8638-5　　Printed in Japan